항공 승무원을 위한 新HSK 준비용 회화입문서

항공 초급 중국어

김기범
인옥남

EROMI

들어가는 말

항공 승무원이 되고자 하는 학습자에게 있어서 외국어와 외국 문화를 아는 것은 직무수행에 있어서 필수적인 항목이라고 할 수 있다. 영어는 물론이고, 제2외국어로서 중국어의 필요성도 중국 시장의 성장과 더불어 나날이 증대되고 있다.

중국어에서는 HSK라고 하는 중국어능력시험이 있는데, 항공사에서는 보통 3 · 4급 정도를 요구하고 있다. 학습자들이 HSK 등급을 원하다고 해서 처음부터 시험을 위한 중국어를 배우기는 어려우므로 회화과정부터 익히고 점차 시험을 위한 준비로 전환되어야 한다.

이때 회화과정은 중국어과 학생들처럼 학교생활, 유학 생활과 관련된 내용으로 배우면 항공서비스학과에 맞지 않기 때문에 본 책에서는 나중에 관광학 지식 습득에도 도움이 되도록 본문 내용을 구성하였다. 아울러 최대한 HSK 필수단어와 필수 문법포인트를 유기적으로 편성하여, 자연스럽게 관광 관련 표현도 배우면서 HSK 준비가 되도록 구성하였다. 또한 이런 과정을 통해서 항공서비스학과의 필수과목인 기내실무중국어 내용과 연결되도록 하였다.

외국인과 의사소통에 있어서 단순히 언어만 잘한다고 끝나는 것이 아니다. 상대방 국가의 문화 습관을 알지 못하면 제대로 된 소통이 되지 않으며, 특히 서비스 업종인 항공 승무원의 경우, 상대방을 배려하기도 어렵게 된다. 그러므로 본 책에서는 문화 부분에도 많은 내용을 할애하였으며, 실천과 활용을 통해 항공 승무원의 필수 역량인 문제해결 능력, 글로벌 역량 등을 기를 수 있도록 편성하였다.

저자 일동

이 책의 특징

첫째, 쉬운 의사소통 표현부터

이 책은 처음에는 기초적인 의사소통을 할 수 있는 쉬운 중국어 표현으로 시작하며, 나중에는 중국에 여행 갔을 때 바로 활용할 수 있는 간단한 표현(물건 구입, 대중교통 이용하기, 음식 주문하기, 친구 사귀기 등)들도 배운다. 그래서 기초적인 투어컨덕터(Tour Conductor) 역할도 할 수 있도록 구성하였고 본문에 영어도 병기하였다.

둘째, 의사소통을 위해 문화 지식 습득

중국인과 소통하기 위해서는 단순히 중국말만 잘해서는 안 된다. 중국문화도 알아야 진정한 소통이 가능하다. 예를 들어 중국인들은 왜 뜨거운 물을 선호하는지 알아야 배려가 가능하다. 중국의 물은 석회질이 있어서 끓여 마셔야 하며, 아울러 중국음식이 기름기가 많기 때문에 뜨거운 물이 잘 어울린다. 이처럼 중국문화를 잘 알수록 중국인과 더 깊은 친구가 될 수 있다. 또한 직접 해보지 않으면 기억에 오래 남지 않기 때문에 실천과 활용을 통해서 체험해 볼 수 있도록 구성하였다.

셋째, 중국어능력시험(新HSK) 준비도 오케이

중국어능력시험(新HSK) 3급의 필수단어와 필수 문법포인트를 일정부분 습득할 수 있도록 구성하였다. 중국어능력시험(新HSK) 3급에 해당하는 문법포인트는 '본문'과 '문형연습'을 통해 연습하고, 기출 필수단어는 '한자 쓰기'를 통해 정리한다.

CONTENTS

이 책의 구성

이 책은 다음과 같은 구성을 둔다.

본 교재는 항공서비스학과 3학점 과목에 맞도록 편성하였기 때문에, 한 과당 3개의 챕터를 가진다.

구성 단위

- '구성 단위'에서는 3개의 챕터에 필요한 구성단위를 미리 공부한다. 예를 들어 [2-1]에 해당하는 구성단위를 배운 후, [2-1]에 해당하는 본문 단어를 공부하는 순으로 진행된다.

단어

- 해당 챕터에 나오는 단어들을 미리 공부한다.

본문

- 의사소통에 필요한 회화 표현들을 익힌다.

표현설명(문법)

- 본문에 나온 문법요소를 설명한다.

문형연습

- 중국어는 어순이 중요한 언어로서, 문형을 통해서 자연스럽게 어순을 이해한다.

한자 쓰기

- 배운 단어 중에서 HSK 필수단어 위주로 한자 쓰기를 한다. 이를 통해서 한자의 구성요소인 부수에 대해 이해하고 응용력을 기를 수 있다.

> 한자는 중국어를 배우고자 하는 학습자들이 많아 부담스러워 하는 부분이다. 한자를 다 익히는 것이 정석이나, 중국어 전공자가 아니라면 필요한 한자 위주로 먼저 습득하는 것도 좋다. 예를 들면 HSK에 나오는 한자, 혹은 중국 여행을 갔을 때 간판이나 음식 이름에 나오는 한자 위주로 먼저 습득하고, 나머지 단어들을 병음을 통해서 먼저 소리를 기억해도 된다.

의사소통을 위한 지식

- 한국과 중국의 문화비교를 통해서 서로의 공통점과 다른 점 등을 이해한다. 또 배운 지식은 실천이나 체험이 없으면 기억에 오래 남지 않기 때문에 '실천과 활용'을 통해서 흥미를 불러일으키고, 다른 사람에게도 소개할 수 있도록 한다.

Quiz 평가

- Quiz 형식으로 친구와 2인 1조가 되어서 배운 단어나 문장을 한국어로 묻고, 중국어로 답한다. '■'에 체크하여 피드백을 서로 해준다.

1 표준어(普通话)

중국은 땅이 아주 넓어서 방언이 발달하였다. 중국인끼리라도 만나서 방언만 쓴다면 서로 알아먹기 힘들다. 그러므로 중국 전 지역에서 통할 수 있는 말인 표준어를 배운다.

2 간체자(简体字)

중국말은 한자를 통해 적는다. 그런데 중국대륙에서는 자국의 언어를 좀 더 쉽게 적기 위해 기존의 어렵고 획수가 많았던 한자를 쉽고 획수가 적어지도록 개편하는 작업을 하였는데, 이렇게 간소화된 한자를 간체자라고 한다. 어떤 글자들은 모양이 그대로이지만([예] 金→金), 어떤 글자들은 일부분이 바뀌고([예] 話→话), 어떤 글자는 모양 자체가 완전히 바뀌었다([예] 書→书).

3 한어병음(汉语拼音)

중국 한자는 뜻글자이기 때문에 읽을 때 발음기호가 필요하다. 중국대륙에서는 로마자를 빌어서 자신들만의 발음기호를 만들었는데 이를 한어병음(중국어 발음기호)이라고 한다. 영어 발음 기호와는 다른 부분도 있으니 주의해야 한다.

4 성조(声调)

중국어를 들어보면 노래하듯 음의 높낮이가 있다는 것을 알게 되는데, 이를 성조(=음의 높낮이)라고 한다. 중국어에서는 1성, 2성, 3성, 4성 네 가지 성조와 부가적으로 경성이 있다.

성조의 발성 특징은 다음 그림과 같다. 발음에 성조를 표기할 때는 해당 성조의 모양을 본떠 표기한다(오른쪽 부호 참고).

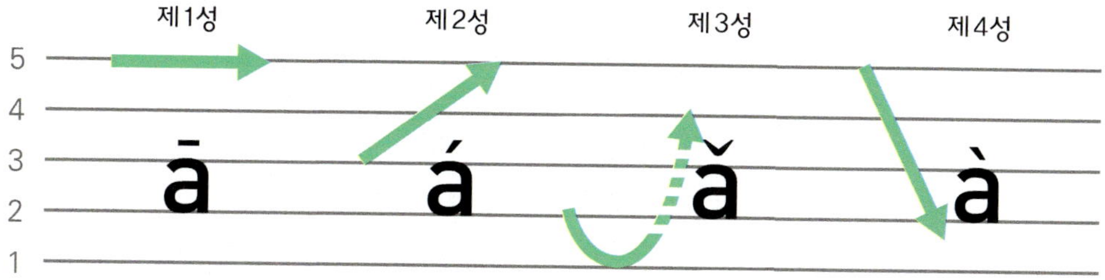

각 성조는 그것만의 고유한 음역과 특성이 있다.

제1성

1성은 높고 평평하게 나오는 소리이다. 음표로 치면 '솔'음 정도지만 사람마다 음역이 다르기 때문에 평소 자신이 말하는 톤보다 약간 높게 발성하면 된다.

한국어에서 비슷한 음을 찾아보자면, 멀리서 누군가 여러분들을 부를 때 "네—"라고 길게 발성하는데 그 음과 비슷하다.

ā　mā

제2성

2성은 중간(혹은 평소 말하는 음 높이)에서부터 1성 높이까지 천천히 올라가는 음이다.

한국어에서 비슷한 음을 찾아보자면, 누군가에 말에 놀라서 반문할 때 천천히 '네에?' 하는 음과 비슷하다.

á　má

제3성

3성은 낮게 내려가는 음이다. 정확히는, 낮게 내려갔다가 끝에 약간 올라오는 느낌이 있는데, 뒤에 올라오는 부분은 2성과 비슷하기 때문에 거의 발성하지 않는 것이 좋다.

한국어에서 비슷한 음을 찾아보면, 남의 말을 듣고서 알아들었다는 어투로 천천히 '네~에'라고 하는데, 그 음과 비슷하다.

ǎ　mǎ

제4성

4성은 짧고 빠르게 내려가는 음이다.

한국어에서 비슷한 음을 찾아보면, 퀴즈쇼에서 출연자가 정답을 맞히면 사회자가 '네 ! 정답입니다'라고 말하는데 그 때의 '네!'와 비슷하다.

à　mà

경성(轻声)

그 외에 부가적으로 짧고 약하게 발음하는 경성(轻声)이 있다. 경성은 점을 찍거나, 아무것도 표기하지 않는다.

a　ma

이러한 성조들은 서로 유기적으로 결합하기 때문에, 1성부터 4성, 그리고 경성까지 연이어서 발음해 보면 성조들 간의 음높이를 가늠해 볼 수 있다. 연속적으로 1성부터 경성까지 발음해 보자.

ā á ǎ à a
mā má mǎ mà ma

비전공자라면 비슷한 느낌이 나는 정도로만 연습하되, 다음 특성을 이해하여 발음 연습한다. 1성은 높고 길다. 2성은 천천히 끌어올린다. 3성은 천천히 낮게 내려간다. 4성은 약간 급하고 강하게 내려간다. 경성은 짧고 약하다. a를 가지고 연습해 본다.

외국어를 처음 입문할 때 발음 부분만 따로 연습하면 아주 어렵다고 여길 수도 있다. 그러므로 처음에는 단어를 통해서 우선 몇 개의 발음을 접하면서 점차 익숙해질 수 있도록 구성하였다. 아울러 한자의 경우도 어렵다면 우선 한어 병음 위주로 공부하면서 조금씩 익혀나간다. 병음에 익숙해지도록 7과까지는 병음을 먼저 제시한다.

Airline Chinese

CLASS 01

안녕

학습목표

✓ 인사하는 방법을 익힌다.

✓ 안부를 물을 수 있다.

구성 단위

각 차시에 관련된 구성단위를 배워보자.

1.1 중국어 소개(orientation)

1.2 líng 零 숫자 0

모음 연습

a / o / e / I(yi) / u(wu) / ü(yu)

- 'o' 발음은 '오'가 대표음이지만, 때에 따라 '오-어' 혹은 '어' 등으로도 소리가 남
- 'e' 발음은 때에 따라 '으-어' 또는 '에'라고 발음함
- 'u'는 입술을 쭉 내밀어서 '우'라고 발음함
- 'ü'는 '위'처럼 소리 내고, 끝까지 입 모양을 유지함.
- 'i/u/ü'는 단독으로 쓰일 때 각각 'yi, wu, yu'로 표기함.

1.3 yī 一 숫자 1

자음/모음 연습

b(o) p(o) m(o) f(o)

- 'm'은 콧소리임. 'f'는 영어의 'f'처럼 이와 입술의 마찰음임
- ai ei ao ou : 'ei'에서 'e'는 '에'로 소리 남.
- an en ang eng ong / er : 'er'은 영어의 'r' 발음처럼 소리 남.
- üe(yue) üan(yuan) ün(yun) : üe'에서 'e'는 '에'로 소리 남 / 'üan'은 '위엔'처럼 소리 남 / 'ün'은 '윈'처럼 소리 남. 'ü'는 단독으로 쓰일 때 'yu'로 표기함.

1.2 단어

01. nǐ **你** 너, 당신

02. hǎo **好** 안녕, 좋다, 그렇다

03. ma **吗** (문장 끝에 붙여) 의문문을 만드는 조사

04. wǒ **我** 나

05. xiè **谢** 고맙다

과와 관련된 사진을 붙이거나 그림을 그려보세요.

회화

A Nǐ hǎo!

你好!

Hi!

Nǐ hǎo ma?

你好吗?

How are you?

B Wǒ, hǎo.

我，好!

I'm fine.

Xiè xie!

谢谢!

Thank you.

표현설명(문법)

01 你好

형용사로서 '좋다'는 의미를 가지지만 '안녕'이라는 의미의 인사로도 쓰인다. 상대방이 아주 연장자라고 생각될 때는 앞에 높임말 '**您**(nín)'을 붙여서 '**您好**!(nín hǎo)'라고 인사한다. 편하게 발음하기 위해서 3성이 연달아 올 때는 앞 3성을 잠시 2성으로 발음한다. 단, 표기는 같다.

02 你好吗

서술의 대상으로서 '주어'이고, '**好**'는 주어를 설명하는 성분으로 '서술어'이다. '주어+서술어'의 어순은 한국어와 같다. 주어, 서술어와 같은 것을 문장성분이라고 한다. 문장성분이란 낱말이나 구가 문장 내에서 가지는 문법 기능에 따라 분류한 것으로, 주어, 서술어, 목적어, 관형어, 부사어, 보어 등이 있다.

03 吗

중국어에서는 문장 끝에 조사 '**吗**'를 붙이면 의문문을 만들 수 있다. 조사란 단어나 구 혹은 문장 뒤에 붙어서 여러 가지 부가적인 의미나 문법 관계 혹은 어기 등을 나타내는 품사이다. 이러한 조사들은 실재적인 의미 없이 기능만 하므로 한국어로 번역할 때 대응 성분이 없는 경우가 많으므로 주의한다.

04 谢谢

중국어로 '고맙다'고 할 때는 보통 중첩해서 '**谢谢**(Xièxie)'라고 표현한다. 중첩할 때는 뒤 성분은 일반적으로 경성으로 발음한다.

문형연습

tīng 听 듣다	lái 来 오다
bù 不 아니다	tā 他 그

01 listen

듣는다.	tīng.
안 듣는다.	bù tīng.
온다.	lái.
안 온다.	bù lái.

02 I listen

나는 듣는다.	Wǒ tīng.
나는 안 듣는다.	Wǒ bù tīng.
그는 온다.	Tā lái.
그는 안 온다.	Tā bù lái.

03 Do you listen?

당신은 듣습니까?	Nǐ tīng ma?
당신은 안 듣습니까?	Nǐ bù tīng ma?
그는 옵니까?	Tā lái ma?
그는 안 옵니까?	Tā bù lái ma?

한자 쓰기

배운 한자 중에서 HSK 필수한자를 연습해 보자.

零	零		
숫자 0			

你	你		
너			

好	好		
안녕, 좋다			

吗	吗		
문장 끝에 붙여 의문문을 만드는 조사			

听	听		
듣다			

不	不		
아니다			

来	来		
오다			

他	他		
그			

1.3 단어

01. bù 不 아니다

02. ò 哦 감탄사

03. zài 再 다시, 또

04. jiàn 见 만나다[1]

과와 관련된 사진을 붙이거나 그림을 그려보세요.

1 '见'은 HSK 필수단어에 속하지는 않지만, '**再见**', '**见面**', '**看见**' 등에 출현하고 있다.

회화

A　Nǐ hǎo!

你好!

Hi!

Nǐ hǎo ma?

你好吗?

How are you?

B　Wǒ, bù hǎo.

我, 不好。

No, I'm not fine.

A　ò! Zài jiàn!

哦! 再见!

oh, gooo bye!

표현설명(문법)

01 我

중국어의 인칭대명사는 다음과 같다.

	1인칭	2인칭	3인칭
단수	**我** wǒ	**你** nǐ	**他** tā **她** tā **它** tā [2]
여러 사람	**大家** dàjiā [3]		

02 不好

중국어에서 '**不**'처럼 서술어 앞에 와서 해당 서술어(동사나 형용사)를 수식, 제한하는 문장성분을 부사어라고 한다. '부사어+서술어' 어순은 한국어 어순과 같다.

03 哦

'**哦**'처럼 감탄이나 부름, 대답 등을 나타내는 낱말을 감탄사라고 한다.

04 再见

이 문장에서 '**再**'는 서술어 '**见**'을 수식하는 부사어로 쓰였다. 미래 반복이나 수량의 증가를 나타낸다.

2 **它** tā 사물
3 **大家** dàjiā 여러분, 모두들

문형연습

tā 她 그녀 mǎi 买 사다, 구입하다	yào 要 원하다, 요구하다

01 buy

사다.	mǎi.
안 사다.	bù mǎi.
원하다.	yào.
안 원하다.	bú[4] yào.

02 she buys

그녀는 산다.	Tā mǎi.
그녀는 안 산다.	Tā bù mǎi.
나는 원한다.	Wǒ yào.
나는 안 원한다.	Wǒ bú yào.

03 Does she buy?

그녀는 삽니까?	Tā mǎi ma?
그녀는 안 삽니까?	Tā bù mǎi ma?
당신은 원합니까?	Nǐ yào ma?
당신은 원하지 않습니까?	Nǐ bú yào ma?

4 '不(bu)'는 뒤에 4성이 올 경우에 2성으로 읽고, 표기도 그렇게 바뀐다. 또 4성일 때는 '뿌'처럼 강하게 발음되나 2성일 때는 '부'처럼 약하게 발음된다.

한자 쓰기

배운 한자 중에서 HSK 필수한자를 연습해 보자.

一	一		
숫자 1			

再	再		
다시, 또			

买	买		
사다			

要	要		
원하다			

她	她		
그녀			

再	见	再	见
또 만나요			

의사소통을 위한 지식

Q. 중국 사람과 잘 얘기하려면 무엇이 필요할까요?

단순히 언어표현만 잘하는 것이 아니라, 상대방의 문화 등을 이해하여 공통적인 화제를 이끌어 갈 수 있는 소통 능력과 실행력이 중요하다.

Q. 중국 사람들이 음력 설에 물고기 요리를 해 먹는 이유는?

물고기의 발음이 '여유롭다'라는 의미의 글자와 발음이 비슷해서 '한 해 여유롭기를 바란다'는 의미로 물고기를 요리를 즐겨 먹는다. 또한 중요한 비즈니스 자리에서도 물고기 요리를 먹는 경향이 있다.

Q. 중국에 가서 중화요리인 짜장면을 먹을 수 있을까요?

한국 사람들은 중화요리가 중국에서 왔으므로 짜장면을 중국 전역에서 먹을 수 있다고 생각하는 경우가 많다. 그런데 중화요리는 산동성 화교들이 인천에 정착하면서 한국식으로 변형된 것이므로, 산동성 아닌 곳에서는 쉽게 접하기 힘들며, 아울러 본고장(산동성)의 짜장면과도 약간 다르다.

Q. 중화요리에서 간짜장이 짜장면보다 조금 비싼데 그 이유는 무엇일까요?

짜장면은 미리 춘장을 볶아서 만들어 놓는데, 반해 간짜장은 주문을 받은 후에 조리하기 때문에 손이 더 가고, 재료가 좀 더 풍부하다.

✓ 실천과 활용

1. 중화요리 집의 메뉴판을 검색해서 출력한 후, 빈 공간에 붙여주세요.

2. 중국 지도에서 산동성을 찾아서 간단히 그려보고 한국과의 연관성에 대해서 친구와 얘기해보세요.

복습하기

Quiz

01. 친구와 한 조를 이룬다.
02. 한 명은 다음 단어를 한국어로 불러주고, 다른 한 명은 중국어로 대답한다.
03. 역할을 바꾸어 진행하고 피드백을 해준다.

1.2

- 숫자 0
- 안녕, 좋다
- 듣다
- 오다
- 너
- 문장 끝에 붙여 의문문을 만드는 조사
- 아니다
- 그

1.3

- 숫자 1
- 사다
- 그녀
- 다시, 또
- 원하다
- 또 만나요

CLASS 02

고마워요

학습목표

- ✓ 감사의 표현을 익힌다.
- ✓ 상대방의 몸상태를 살필 수 있다.
- ✓ 상대방이 대화의 여유가 있는지 살핀다.

구성단위

각 차시에 관련된 구성단위를 배워보자.

2.1 èr 二 숫자 2 / sān 三 숫자 3 / sì 四 숫자 4

자음/모음 연습

- d(e) t(e) n(e) l(e) : 여기서 'e'는 '으-어'처럼 소리 남 / 'l'의 발음 위치는 한국어에서 '빨래'할 때의 '래'위치와 비슷함.
- j(i) q(i) x(i) / g(e) k(e) h(e) : 여기서 'e'는 '으-어'처럼 소리 남
- z(i) c(i) s(i) : 여기서 'i'는 음가가 없어서 '으'로 발음됨. 'z, c, s'는 혀와 이가 마찰되어 소리 남.

2.2 wǔ 五 숫자 5 / liù 六 숫자 6 / qī 七 숫자 7 / bā 八 숫자 8

모음 연습

- ia(ya) ie(ye) iao(yao) iou(you, -iu) : 'ie'에서 'e'는 '에'로 소리 남/ 'iou'는 자음과 결합할 때 가운데 'o'소리가 약화됨(예: jiu)
- ian(yan) in(yin) iang(yang) ing(ying) iong(yong) : 'ian'은 '이엔'으로 소리 남

2.3 jiǔ 九 숫자 9 / shí 十 숫자 10 / yuán 元 돈 단위(문어)

자음/모음 연습

- ua(wa) uo(wo) uai(wai) uei(wei, -ui, 여기서 'e'는 '에' 소리 남)
- uan(wan) uen(wen, -un) uang(wang) ueng(weng)
- zh(i) ch(i) sh(i) r(i) : 여기서 'i'는 음가가 없어서 '으'로 발음됨. 'zh, ch, sh, r'는 혀를 세워서 발음함.

2.1 단어

01. yào 要 요구하다, 원하다

02. kèqi 客气 사양하다, 예의가 바르다

03. bú kèqi 不客气 별말씀을

과와 관련된 사진을 붙이거나 그림을 그려보세요.

회화

A Nǐ hǎo!

你好!

Hi!

(물건을 내밀며) Nǐ yào ma?

你要吗?

Do you want this?

B Wǒ yào.

我要。

yes, I want it.

(받으면서) Xiè xie!

谢谢!

Thank you.

A Bú kèqi.

不客气。

You're welcome.

표현설명(문법)

01 不客气

상대방이 '**谢谢**'라고 했을 때 가장 정중하고 일반적인 대답은 '**不客气**(bú kèqi)!'이다. 또는 '**不谢**(búxiè)' 혹은 '**不用谢**(búyòng xiè)', '**没事儿**(méishìr)'이라고 대답할 수도 있다.

02 不

'**不**'는 뒤에 4성이 올 때는 2성으로 읽고 표기도 2성으로 바뀐다. 중국어는 성조언어라서, 일부 단어들이 결합할 때 발음하기 편리하도록 일시적으로 바뀌는 경우가 있다. 예를 들어 '**不**', '**一**' 같은 경우이다.

그런데, 처음부터 이 변화법칙을 공부하면 수학 공식처럼 느껴질 수 있으므로 해당 단어의 소리 변화에 집중해 연습하다 보면, 자연스럽게 습득할 수 있다.

문형연습

máng 忙 바쁘다 lèi 累 피곤하다, 힘이 들다 è 饿 배고프다	kàn 看 보다

01 busy

바쁘다.	máng.
안 바쁘다.	bù máng.
피곤하다.	lèi.
안 피곤하다.	bú lèi.
배고프다.	è.
안 배고프다.	bú è.

02 Are you busy?

당신은 바쁩니까?	Nǐ máng ma?
당신은 피곤합니까, 힘듭니까?	Nǐ lèi ma?
당신은 배고픕니까?	Nǐ è ma?

03 look

보다.	kàn.
그(녀)를 본다.	kàn tā.
나는 그(녀)를 본다.	Wǒ kàn tā.
당신은 그(녀)를 봅니까?	Nǐ kàn tā ma?

한자 쓰기

배운 한자 중에서 HSK 필수한자를 연습해 보자.

二	二		
2			

三	三		
3			

四	四		
4			

忙	忙		
바쁘다			

累	累		
피곤하다, 힘이 들다			

饿	饿		
배고프다			

看	看		
보다			

客	气	客	气
사양하다, 예의가 바르다			

不	客	气	不	客	气			
별말씀을								

2.2 단어

01. lèi **累** 피곤하다, 힘이 들다

02. èng **嗯** 감탄사

03. hěn **很** 매우, 아주

04. xiūxi **休息** 휴식하다, 쉬다

05. ba **吧** 청유, 추측을 나타내는 조사

과와 관련된 사진을 붙이거나 그림을 그려보세요.

회화

A Nǐ hǎo!

你好!

Hi!

(안색을 살피며) Nǐ lèi ma?

你累吗?

Are you tired?

B èng, Wǒ hěn lèi.

嗯, 我很累。

yes I am.

A Nǐ xiūxi ba.

你休息吧。

Please take a rest.

B Xiè xie!

谢谢!

Thank you.

표현설명(문법)

01 我很累

중국어에서 대답할 때는 일반적으로 형용사 앞에 부사 '**很**'을 붙여준다. 이 때 '**很**'은 정도 의미가 매우 약해서 번역하지 않아도 된다. '**很**'은 부사어로서 서술어 '**累**'를 앞에서 꾸며준다.

02 嗯

'**嗯**'는 감탄사이지만, 상대방의 말에 동의하거나 상대방의 말을 잘 듣고 있다는 신호를 줄 때도 자주 쓰인다. 한국어로 치면 '응, 어, 그래'식의 느낌을 준다. 이런 상황의 대답으로 '**是**' 등의 단어를 쓰면 딱딱한 느낌을 준다.

03 你休息吧

'**吧**'는 문장 끝에 쓰여서, 권유, 추측 등을 나타내는 조사이다.

문형연습

nán 难 어렵다 Hànyǔ 汉语 중국어 wèntí 问题 문제, 질문	ài 爱 사랑하다

01 difficult, hard

어렵다.	nán.
매우 어렵다.	hěn nán.
안 어렵다.	bù nán.

02 Is Chinese hard to learn?

중국어(/문제)는 어렵습니까?	Hànyǔ(/wèntí) nán ma?
중국어(/문제)는 매우 어렵다.	Hànyǔ(/wèntí) hěn nán.
중국어(/문제)는 안 어렵다.	Hànyǔ(/wèntí) bù nán.

03 love

사랑하다.	ài.
그(녀)를 사랑하다.	ài tā.
나는 그(녀)를 사랑하다.	Wǒ ài tā.
당신은 그(녀)를 사랑합니까?	Nǐ ài tā ma?

한자 쓰기

배운 한자 중에서 HSK 필수한자를 연습해 보자.

五	五		
5			

六	六		
6			

七	七		
7			

八	八		
8			

嗯	嗯		
감탄사			

很	很		
매우			

难	难		
어렵다			

爱	爱		
사랑하다			

累	累		
피곤하다, 힘이 들다			

汉	语	汉	语
중국어			

问	题	问	题
문제			

休	息	休	息
휴식하다			

2.3 단어

01. zhè **这** 이, 이(것)

02. shì[1] **是** ~이다, 그렇다, 네

03. de **的** 수식 기능을 하는 조사(~의, ~하는, ~의 것)

04. duì **对** 맞다

과와 관련된 사진을 붙이거나 그림을 그려보세요.

1 zh, sh 등의 발음은 한국어에 없고 영어의 'r'과 비슷한 방식으로 발음함. 한국어로 '즐, 슬' 등의 발음을 하면서 혀를 입천장의 경구개(딱딱한 부분)에 대고 하는 발음이다. 처음에는 비슷하게만 소리 내도 된다.

회화

A Nǐ hǎo!

你好!

Hi!

Nǐ máng ma?

你忙吗?

Are you busy?

B Wǒ bù máng.

我不忙。

No, I'm not.

A (물건을 내밀며) Zhè shì nǐ de ma?

这是你的吗?

Is this yours?

B Duì, xiè xie!

对，谢谢!

yes, right. Thank you!

표현설명(문법)

01 这是你的吗?

이 문장에서 '**你的**'는 서술어(동사) 뒤에 쓰였다. 서술어(동사) 뒤에 쓰여 동작대상, 판단 대상, 장소 등등을 나타내는 문장성분을 목적어라고 한다. '서술어+목적어' 어순은 한국어와 다르니 주의한다.

그리고 한국어에서는 목적어 뒤에 일반적으로 목적격 조사 '~을, ~를'이 붙지만, 중국어의 목적어는 이처럼 번역이 안 되는 경우도 있으니 주의한다.

02 你的

낱말 뒤에 조사 '**的**'를 붙여서 명사형을 만들 수도 있다. 또한 '**你的**' 뒤에 어떤 말이 생략될 수도 있다. 언어는 의사소통을 빠르게 하기 위해서 경제성을 추구하는데, 그중에 대표적인 방법이 바로 생략이다. 앞에 나왔던 말이나 상대방과 정보공유가 되는 말은 자주 생략되기도 하는데 이러한 생략법은 외국인들에게는 생소할 수 있다.

문형연습

hē 喝 마시다	mài 卖 팔다
chī 吃 먹다	shénme 什么 무엇

01 I drink

나는 마신다.	Wǒ hē.
그는 먹는다.	Tā chī.
그녀는 판다.	Tā mài.

01 I don't drink

나는 안 마신다.	Wǒ bù hē.
그는 안 먹는다.	Tā bù chī.
그녀는 안 판다.	Tā bú mài.

01 What does he drink?

그는 무엇을 마십니까?	Tā hē shénme?
그는 무엇을 먹습니까?	Tā chī shénme?
당신은 무엇을 팝니까?	Nǐ mài shénme?

한자 쓰기

배운 한자 중에서 HSK 필수한자를 연습해 보자.

九	九		
9			

十	十		
10			

元	元		
중국의 돈 단위(문어)			

这	这		
이(것)			

是	是		
~이다			

对	对		
맞다			

喝	喝		
마시다			

吃	吃		
먹다			

卖	卖		
팔다			

什	么	什	么
무엇			

의사소통을 위한 지식

Q. 유산슬(溜三絲lTùs고ns고) 요리에 대해서 알아보아요.

liù는 녹말(전분)을 끼얹어 걸쭉하게 만드는 요리 방법을 말한다. 왜 녹말을 넣을까? 녹말은 음식의 수분과 기름기가 분리되는 것을 방지하기 위해 많이 사용한다. sān은 세 가지 종류를 의미한다. sī는 '가늘게 썰다'라는 의미이다.

Q. 짜장면과 삼선 짜장면은 어떻게 다른가요?

삼선(三鲜, sānxiān)은 세 가지 신선한 재료라는 의미이다. 흔히 해삼, 새우, 죽순, 버섯, 닭고기 가운데 임의로 세 가지 재료를 써서 조리한다.

Q. 중국노래 부를 때 성조를 지키나요?

노래는 음정이 있기 때문에 굳이 성조를 지킬 필요는 없다.

✓ 실천과 활용

1. 인터넷에서 유산슬 그림을 찾아 빈 공간에 붙이고, 요리재료와 조리 방법을 써보세요.
2. 인터넷에서 팔보채 그림을 찾아 빈 공간에 붙이고, 요리재료와 조리 방법을 써보세요.
3. 유산슬과 팔보채의 가격 그리고 서로 다른 점을 찾아 그림 하단에 쓰세요. 두 가지 중에 하나의 요리를 시켜 먹고 느낌을 적습니다.
4. 중국인들은 한 손으로 숫자 10까지를 셀 수 있는데요. 그 방법을 인터넷으로 찾아보고, 따라 해 봅니다.

중국어 발음기호(한어병음)

01 자음

b(o)	p(o)	m(o)	f(o)
d(e)	t(e)	n(e)	l(e)
g(e)	k(e)	h(e)	
j(i)	q(i)	x(i)	
zh(i)	ch(i)	sh(i)	r(i)
z(i)	c(i)	s(i)	

자음 관련 주의해야 할 사항

❶ 'j, q, x'는 혀가 이에 닿지 않는 발음이므로 주의한다.

❷ 자음 'j, q, x'와 결합하는 모음 'u'는 '우'가 아니라 '위'라고 발음해야 된다. 왜냐하면 'ü'에서 온 발음이기 때문이다. 예를 들어, 'q'와 결합되는 'qu, que, quan, qun'의 경우 'u'는 모두 '위'라고 발음된다.

- juéde ~라고 여기다 - qùnián 작년 - tóngxué 학우

❸ 권설음 'zh, ch, sh, r'에 붙는 'i'는 음가가 없어서 '으'로 발음된다는 것에 주의한다.

- zhīdào 알다 - chī 먹다 - shì 그렇다, 네 - shēngrì 생일

❹ 설치음 'z, c, s'에 붙는 'i'는 음가가 없어서 '으'로 발음된다는 것에 주의한다.

- bāozi 만두 - shēngcí 새 단어 - sī 비단

02 모음

	i(yi)	u(wu)	ü(yu)
a	ia(ya)	ua(wa)	
o		uo(wo)	
e	ie(ye)		üe(yue)
ai		uai(wai)	
ei		uei(-ui, wei)	
ao	iao(yao)		
ou	iou(-iu, you)		
an	ian(yan)	uan(wan)	üan(yuan)
en	in(yin)	uen(-un, wen)	ün(yun)
ang	iang(yang)	uang(wang)	
eng	ing(ying)	ueng(weng)	
ong	iong(yong)		
er			

모음 관련 주의해야 할 사항

❶ 'i, u, ü'는 자음이 안 올 때 각각 'yi, wu, yu'로 표기한다.

· yí ge 한 개 · wǔ kuài 5위엔 · yùmǐ 옥수수

❷ 'e'가 '에'로 발음 나는 경우는 다음과 같다.

ei, ie, uei, üe

❸ 'uo, ou'에서의 'o'는 '오'보다는 '어'에 가까운 소리가 난다.

duo, dou

❹ 'ian, üan'은 각각 '이엔, 위엔'처럼 읽어야 한다.

복습하기

Quiz

01. 친구와 한 조를 이룬다.
02. 한 명은 다음 단어를 불러주고, 다른 한 명은 중국어로 대답한다.
03. 역할을 바꾸어 진행한다.

2.1

- 숫자 2
- 숫자 3
- 숫자 4
- 별말씀을
- 바쁘다
- 배고프다
- 보다
- 피곤하다, 힘이 들다

2.2

- 숫자 5
- 숫자 6
- 숫자 7
- 숫자 8
- 감탄사
- 매우
- 휴식하다
- 어렵다
- 중국어
- 문제
- 사랑하다

2.3

- 숫자 9
- 숫자 10
- 이(것)
- 중국의 돈 단위(문어)
- ~이다
- 맞다
- 마시다
- 먹다
- 팔다
- 무엇

月亮代表我的心

한국인에게도 익숙한 노래 '월량대표아적심'을 유튜브에서 찾되, 병음이 있는 영상을 찾아 따라 불러 보세요.

❝ 달이 내 마음을 대신해 주네 (월량대표아적심)

Nǐ wèn wǒ ài nǐ yǒu duō shēn
당신은 물었지, 내가 당신을 얼마나 깊게 사랑하는지

Wǒ ài nǐ yǒu jǐ fēn
내가 당신을 얼마만큼 사랑하는지를

Wǒ de qíng yě zhēn
나의 마음은 진심이예요.

Wǒ de ài yě zhēn
나의 사랑도 진심이구요.

Yuèliang dàibiǎo wǒ de xīn
달빛이 나의 마음을 대신해주죠.

CLASS 03

괜찮아요

학습목표

✓ 사과하는 표현을 익힌다.
✓ 상대방이 현재 무엇을 하는지 알 수 있다.
✓ 제삼자가 무엇을 하는지 물을 수 있다.

구성단위

각 차시에 관련된 구성단위를 배워보자.

3.1

- ge 个 물건, 사람 등을 세는 양사
- yí ge 一个 한 개
- liǎng ge 两[1]个 두 개
- sān ge 三个 세 개
- sì ge 四个 네 개

3.2

- wǔ ge 五个 다섯 개
- liù ge 六个 여섯 개
- qī ge 七个 일곱 개
- bā ge 八个 여덟 개

3.3

- jiǔ ge 九个 아홉 개
- shí ge 十个 열 개
- bàn 半 2분의 1, 반
- bàn ge 半个 반 개

1 순서가 아니라 양을 셀 때에는 'liǎng'이라고 말한다.

3.1 단어

01. āyā **啊呀** 감탄사

02. duìbuqǐ **对不起** 미안하다

03. méi guānxi **没关系** 괜찮다, 상관없다.

과와 관련된 사진을 붙이거나 그림을 그려보세요.

회화

(실수로 남의 발을 살짝 밟자)

A　āyā, Duìbuqǐ。

啊呀，对不起。

Oh my god, I'm so sorry.

B　méi guānxi。

没关系。

That's okay. no problem.

표현설명(문법)

01 对不起

보통 아주 미안한 일이 발생했을 때, '**对不起**'라고 말하는데, 약간 미안하거나 부끄러운 경우에는 '**不好意思**(bù hǎo yìsi)'라고 말하기도 한다.

02 没关系

중국어에서 '미안하다(duìbuqǐ, 对不起)'라는 말에, '괜찮다'라고 응대할 때는 'méi guānxi(没关系)'라고 말한다. 'guānxi(没关系)'는 '관계, 상관'이라는 말이고, 'méi'는 'méiyǒu'의 줄임말로서 '없다'라는 의미를 가진다.

03 응대법

'**对不起**'라고 말했을 때 상대방이 '**没事儿**(méishir)'이라고 대답할 수 있다. 이때의 의미는 '일 없어요' 즉, '괜찮아요, 별일 아니예요'의 의미이다. 즉, '**没事儿**(méishir)'은 '**谢谢**'에 대한 답일 수도 있고, '**对不起**'에 대한 답도 가능하다는 것이다. 처음에는 헷갈릴 수 있으니, 우선 '**谢谢**'에 대한 답은 '**不客气**' 그리고 '**对不起**'에 대한 답은 '**没关系**'라고 익혀둔다.

문형연습

yīnyuè **音乐** 음악	kělè **可乐** 콜라
dìtú **地图** 지도	jīdàn **鸡蛋** 계란

01 listen to the music

음악을 듣다.	tīng yīnyuè.
지도를 본다.	kàn dìtú.
콜라를 마신다.	hē kělè.
계란을 먹는다.	chī jīdàn.

02 I listen to the music

나는 음악을 듣는다.	Wǒ tīng yīnyuè.
나는 지도를 본다.	Wǒ kàn dìtú.
그(녀)는 콜라를 마신다.	Tā hē kělè.
그(녀)는 계란을 먹는다.	Tā chī jīdàn.

03 What do you listen to?

당신은 무엇을 듣나요?	Nǐ tīng shénme?
당신은 무엇을 보나요?	Nǐ kàn shénme?
그(녀)는 무엇을 마시나요?	Tā hē shénme?
그(녀)는 무엇을 먹나요?	Tā chī shénme?

한자 쓰기

배운 한자 중에서 HSK 필수한자를 연습해 보자.

个	个		
갯수를 세는 단위			

两	两		
둘			

音	乐	音	乐
음악			

地	图	地	图
지도			

鸡	蛋	鸡	蛋
계란			

可	乐	可	乐
콜라			

对	不	起	对	不	起			
미안하다								

没	关	系	没	关	系			
괜찮다								

3.2 단어

01. zuò **做** ~하다, 만들다

02. shénme **什么** 무엇

03. kàn **看** 보다

04. diànshì **电视** TV

05. xià **下** 아래, 다음

06. cì **次** 번, 차례

과와 관련된 사진을 붙이거나 그림을 그려보세요.

회화

A　Nǐ hǎo! Nǐ Zuò shénme?

你好！你做什么？

Hi! What do you do?

B　Wǒ kàn diànshì.

我看电视。

I watch TV.

A　ò! Zài jiàn.

哦！再见。

Oh, Good bye.

B　Xià cì jiàn!

下次见！

See you next time.

표현설명(문법)

01 你做什么

중국어에서 의문문을 만드는 방법 중에 의문사를 이용하는 경우이다. '**什么**'는 무엇을 묻는 의문대명사이다. 중국어는 영어처럼 형태 변화가 없기 때문에 문법 관계를 나타내기 위해서 상대적으로 어순을 중시한다. 또한 어순은 끊어 읽기와 상관이 있다. 보통 '주어+서술어+목적어' 등으로 끊어 읽는다.

'**你做什么**'는 강하게 말하면 "너 뭐해!"라는 느낌을 줄 수 있으므로 부드럽게 물어야 한다.

02 我看电视

이 문장에서 '**电视**'는 서술어 '**看**'의 동작대상으로서, 목적어로 쓰였다. '**你做什么**'처럼 의문사를 이용해 묻는 경우에는 일반적으로 '**什么**'자리에 필요한 단어로 바꾸어 대답한다.

문형연습

niúnǎi **牛奶** 우유 zhuōzi **桌子** 탁자	yǎnjìng **眼镜** 안경

01 What do you buy?

무엇을 삽니까?	mǎi shénme?
무엇을 요구합니까?	yào shénme?
무엇을 팝니까?	mài shénme?

02 What do you buy?

당신은 무엇을 삽니까?	Nǐ mǎi shénme?
그(그녀)는 무엇을 요구합니까?	Tā yào shénme?
그(그녀)는 무엇을 팝니까?	Tā mài shénme?

03 I buy milk

나는 우유를 삽니다.	Wǒ mǎi niúnǎi.
그(그녀)는 탁자를 요구합니다.	Tā yào zhuōzi.
그(그녀)는 안경을 팝니다.	Tā mài yǎnjìng.

한자 쓰기

배운 한자 중에서 HSK 필수한자를 연습해 보자.

做	做		
~하다, 만들다			

什	么	什	么
무엇			

看	看		
무엇			

电	视	电	视
TV			

下	次	下	次
다음 번			

牛	奶	牛	奶
우유			

桌	子	桌	子
탁자			

眼	镜	眼	镜
안경			

3.3 단어

01. chī **吃** 먹다

02. dàngāo **蛋糕** 케이크

03. diànyǐng **电影** 영화

04. hǎokàn **好看** 볼만하다, 예쁘다

과와 관련된 사진을 붙이거나 그림을 그려보세요.

회화

A Tā chī shén·me?

他吃什么?

What does he eat?

B dàngāo!

蛋糕。

Cake.

(스마트폰을 보고 있는 상대에게)

A Nǐ kàn shénme?

你看什么?

What do you see?

B Wǒ kàn diànyǐng.

我看电影。

I watch movie.

A Diànyǐng, hǎokàn ma?

电影，好看吗?

movie, Is that interesting?

표현설명(문법)

01 蛋糕

원래 '**他吃什么**?'라고 물으면 '**他吃蛋糕**'라고 대답한다. 그런데 앞에서 언급했듯이 언어는 경제성을 추구하기 때문에 여기서는 앞에 중복되는 정보는 빼고, '**蛋糕**'라고만 얘기한 것이다.

02 好看吗

'**好**'는 '좋다'는 의미외에도, '~하기에 좋다'라는 의미도 가진다. 예를 들면 '**好喝**(마시기에 좋다)', '**好吃**(먹기에 좋다)', '**好听**(듣기에 좋다)' 같은 경우이다.
여기서 '**好看**'은 '예쁘다, 보기 좋다'는 의미 외에도, 영화나 TV프로그램 등이 '볼 만하다'는 의미도 가진다.

문형연습

miàntiáo **面条** 면요리	píjiǔ **啤酒** 맥주
xiāngjiāo **香蕉** 바나나	yǐnliào **饮料** 음료

01 eat noodles

면요리를 먹다.	chī miàntiáo.
바나나를 먹다.	chī xiāngjiāo.
맥주를 마시다.	hē píjiǔ.
음료를 마시다.	hē yǐnliào.

02 I eat noodles

나는 면요리를 먹다.	Wǒ chī miàntiáo.
나는 바나나를 먹다.	Wǒ chī xiāngjiāo.
그(녀)는 맥주를 마시다.	Tā hē píjiǔ.
그(녀)는 음료를 마시다.	Tā hē yǐnliào.

03 I don't eat noodles

나는 면요리를 먹지 않는다.	Wǒ bù chī miàntiáo.
나는 바나나를 먹지 않는다.	Wǒ bù chī xiāngjiāo.
그(녀)는 맥주를 마시지 않는다.	Tā bù hē píjiǔ.
그(녀)는 음료를 마시지 않는다.	Tā bù hē yǐnliào.

한자 쓰기

배운 한자 중에서 HSK 필수한자를 연습해 보자.

半	半		
반, 1/2			

电	影	电	影
영화			

吃	吃		
먹다			

蛋	糕	蛋	糕
케이크			

面	条	面	条
면 요리			

香	蕉	香	蕉
바나나			

啤	酒	啤	酒
맥주			

饮	料	饮	料
음료			

의사소통을 위한 지식

Q. 중국인들이 짝수를 좋아하는 이유?

좋은 일은 쌍을 이룬다는 "好事成双(hǎoshì chéng shuāng)"이라는 관념이 있기 때문이다. 중국인들은 선물을 할 때에도 가급적 짝을 맞추어서 선물한다. 술 두 병, 담배 두 보루 식이다. 축의금도 짝수로 맞추려 한다. 특히 8자를 좋아해서 888위엔, 1888위엔 등이다. (참고로 중국과 한국 환율은 대략 1위엔:180원 전후이다. 단, 병문안이나 상을 당했을 때는 위와 같은 규칙을 적용하지 않는다)

Q. 중화요리의 산동 요리

중화요리의 본고장은 산동요리이지만, 한국인의 입맛에 맞도록 변형되기도 했으며, 중국 다른 지방의 요리를 곁들이기도 한다. 대표적인 산동요리는 다음과 같다.

- 자장면
- 탕수육
- 양장피
- 오향장육
- 난자완스

✓ 실천과 활용

1. 양장피, 오향장육, 난자완스의 그림을 찾아 붙이고, 음식 재료와 조리법을 쓴다. 세 가지 중에 하나의 요리를 먹고 느낌을 적는다. 이렇게 배운 지식을 어떻게 활용할지 생각해 본다.

복습하기

Quiz

01. 친구와 한 조를 이룬다.
02. 한 명은 다음 단어를 한국어로 불러주고, 다른 한 명은 중국어로 대답한다.
03. 역할을 바꾸어 진행하고 피드백을 해준다.

3.1

- 갯수를 세는 단위
- 둘
- 미안하다
- 괜찮다
- 음악
- 계란
- 지도

3.2

- ~하다
- 무엇
- 보다
- TV
- 다음
- 번
- 우유
- 탁자
- 안경

3.3

- 반, 1/2
- TV
- 먹다
- 케이크
- 면요리
- 바나나
- 맥주
- 음료

산동요리

❶ 자장면

炸酱面(zhá jiàng miàn) 'zhá'는 튀기듯이 볶다, 'jiàng'은 춘장, 'miàn'은 면을 가리킨다.

❷ 탕수육

糖醋肉(táng cù ròu) 'táng'은 달다, 'cù'는 식초, 'ròu'는 돼지고기를 의미한다.

❸ 양장피

两张皮(liǎng zhāng pí), 'liǎng zhāng'은 두 장, 'pí'는 가죽, 껍질의 의미로서 전분으로 만든 두 장을 붙여 만들었다는 의미이다. 겨자를 곁들이면 좋은 술 안주가 된다.

❹ 오향장육

五香酱肉(wǔxiāng jiàngròu) 'wǔxiāng'은 다섯 가지 맛이 나는 소스의 이름이고, 'jiàng ròu'는 간장으로 조린 돼지고기를 가리킨다.

❺ 난자완스

南煎丸子(nán jiān wánzǐ), 'nán'은 갈비살, 'jiān'은 지지다, 'wánzǐ'는 고기완자를 뜻한다.

CLASS 04

이것은 무엇인가요

학습목표

✓ 물건의 정체를 물을 수 있다.

✓ 원하는 수량을 말할 수 있다.

✓ 물건의 호칭을 물을 수 있다.

구성단위

각 차시에 관련된 구성단위를 배워보자.

1.1

- shí yī 十一 11
- shí èr 十二 12
- shí sān 十三 13
- shí sì 十四 14
- shí wǔ 十五 15

1.1

- shí liù 十六 16
- shí qī 十七 17
- shí bā 十八 18
- shí jiǔ 十九 19
- èr shí 二十 20

1.1

- sān shí 三十 30
- sì shí 四十 40
- wǔ shí 五十 50
- liù shí 六十 60

4.1 단어

01. ge **个** 사람, 물건 등을 세는 단위

02. yáng **羊** 양

03. ròu **肉** 고기

04. jī **鸡** 닭

05. ne **呢** 말 줄임 효과를 나타내는 조사

06. yángròu **羊肉** 양고기

07. jīròu **鸡肉** 닭고기

과와 관련된 사진을 붙이거나 그림을 그려보세요.

회화

A Zhè shì shénme?

这是什么?

What is this?

B Yángròu!

羊肉

Lamb.

A Zhè ge ne?

这个呢?

And this?

B Jīròu!

鸡肉。

Chicken.

표현설명(문법)

01 这个

'**这个**'는 원래 '**这一个**'에서 온 것으로 대명사 '**这**'와 수사 '**一**', 양사 '**个**'가 결합한 것이다. 숫자 '**一**'는 자주 생략된다. 여기에서 '**个**'는 사물을 세는 단위로서 한국어에서의 단위명사에 해당한다.

참고로 '**这**'는 넓은 범위를 지칭하는 것으로써, 화자나 청자에게 새로운 정보일 때 쓰는 말이고, '**这个**'는 한정될 때 쓴다.

02 这个呢

문장 뒤에 조사 '**呢**'를 붙이면 의문문이 된다. 또한 '**呢**'는 상대방이 한 말에 대해 되묻거나, 앞에 했던 말을 반복하지 않고 줄여서 말할 때도 쓰인다.

문형연습

shēngyīn **声音** 소리, 목소리	miànbāo **面包** 빵
hǎotīng **好听** 듣기에 좋다	hǎochī **好吃** 먹기에 좋다

01 Do you listen or not?

듣습니까, 안 듣습니까?	tīng bu tīng?
옵니까, 안 옵니까?	lái bu lái?
삽니까, 안 삽니까?	mǎi bu mǎi?
원합니까, 안 원합니까?	yào bu yào?

02 sound good

듣기 좋다.	hǎotīng.
먹기 좋다.	hǎochī.
듣기 좋습니까?	hǎotīng ma?
먹기 좋습니까?	hǎochī ma?

03 Do you like this music?

이것은 듣기 좋습니까?	zhè ge hǎotīng ma?
소리가 듣기 좋습니까?	shēngyīn hǎotīng ma?
이것은 먹기 좋습니까?	zhè ge hǎochī ma?
빵은 먹기 좋습니까?	miànbāo hǎochī ma?

한자 쓰기

배운 한자 중에서 HSK 필수한자를 연습해 보자.

个	个		
사람, 물건 등을 세는 단위			

呢	呢		
말 줄임 효과를 나타내는 단어			

羊	肉	羊	肉
양고기			

声	音	声	音
목소리			

面	包	面	包
빵			

好	吃	好	吃
맛있다			

4.2 단어

01. yào 要 요구하다, 원하다

02. yí ge 一个 한 개[1]

03. yě 也 ~도

04. jǐ 几 몇(10 전후의 숫자를 예상하여 묻는 말)

과와 관련된 사진을 붙이거나 그림을 그려보세요.

1 숫자 '一'는 뒤에 오는 성조의 영향을 받아 변화되는 경우가 있다.

회화

A Zhè ge, nǐ yào ma?

这个，你要吗?

This one, Would you like it?

B Wǒ yào yí ge.

我要一个。

Yes, I want one.

C Wǒ yě yào.

我也要。

I want that as well.

B (C에게) Nǐ yào jǐ ge?

你要几个?

How many do you want?

표현설명(문법)

01 一个

숫자 '一'는 뒤에 무슨 성조가 오느냐에 따라 약간씩 변화한다. 뒤에 4성이 오면, '一'는 발음하기 편하도록 2성으로 발음한다. 예를 들면, '**一共**(yígòng)' 같은 경우다.

'**一个**'에서 '**个**'는 경성이지만, 원래는 4성에서 왔다. 처음에는 이 같은 법칙을 외우려 하지 말고, 단어결합을 소리에 집중해 익히는 것이 좋다.

02 也

'**也**'는 같은 상황임을 보여주는 것으로써, 포함관계를 나타낸다.

03 几

'**几**'는 보통 10 전후의 숫자를 물어볼 때 쓰는 의문대명사이다.

문형연습

gěi **给** ~에게 ~을 주다	jiāo **教** 가르치다
kuàizi **筷子** 젓가락	tǐyù **体育** 체육

01 Give me

나에게 줍니다(주세요).	gěi wǒ.
당신에게 줍니다(받으세요).	gěi nǐ.
그(그녀)에게 줍니다(주세요).	gěi tā.

02 Give me chopsticks

나에게 젓가락을 주세요.	gěi wǒ kuàizi.
나에게 이것을 주세요.	gěi wǒ zhè ge.
나에게 세 개를 주세요.	gěi wǒ sān ge.

03 teach me

나에게 가르치다.	jiāo wǒ.
나에게 체육을 가르치다.	jiāo wǒ tǐyù.
그는 나에게 체육을 가르친다.	Tā jiāo wǒ tǐyù.

한자 쓰기

배운 한자 중에서 HSK 필수한자를 연습해 보자.

要	要		
원하다			

也	也		
~도			

几	几		
몇			

给	给		
~에게 ~을 주다			

一	个	一	个
하나, 한 개			

筷	子	筷	子
젓가락			

教	教		
가르치다			

体	育	体	育
체육			

4.3 단어

01. jiào **叫** 부르다, 불리우다

02. xiāngcài 香菜 고수(풀)

03. nà ge **那** 저(것), 그(것)

04. shuǐguǒ **水果** 과일

05. xīguā **西瓜** 수박

과와 관련된 사진을 붙이거나 그림을 그려보세요.

회화

A Zhè ge jiào shénme?

这个叫什么?

What is this in Chinese?

B Xiāngcài.

香菜

A Nà ge shuǐguǒ jiào shénme?

那个水果叫什么?

What is this fruit in Chinese?

B Xīguā.

西瓜

표현설명(문법)

01 那个

'那个'는 원래 **'那一个'**에서 온 것으로 대명사 **'那'**와 수사 **'一'**, 양사 **'个'**가 결합한 것이다. 숫자 **'一'**는 자주 생략된다.

02 那个水果

명사에 수사, 양사, 대명사가 붙는 경우 어순은 다음과 같다. '지시대명사+수사+양사+명사' 순서대로 배열된다. 예를 들면 **'那一个水果'**와 같다. 이 때 수사 **'一'**는 자주 생략된다.

03 那个水果叫什么?

'叫什么'에서 **'什么'**는 중국어에서는 서술어 **'叫'** 뒤에 와서 목적어 역할을 한다. 한국어로 직역하면 '~라고 불리웁니까?'로 되어 목적어처럼 보이지 않는다는 것에 주의한다.

문형연습

chá **茶** 차	dòngwù **动物** 동물
hǎohē **好喝** 마시기에 좋다	hǎokàn **好看** 보기에 좋다

01 Are you busy or not?

바빠요, 안 바빠요?	máng bu máng?
피곤해요, 안 피곤해요?	lèi bu lèi?
좋아요, 안 좋아요?	hǎo bu hǎo?
어려워요, 안 어려워요?	nán bu nán?

01 This is not bad to drink

마시기에 좋다(마실 만하다).	hǎohē.
보기에 좋다(볼 만하다).	hǎokàn.
마시기에 좋습니까?	hǎohē ma?
보기에 좋습니까?	hǎokàn ma?

01 Is this drink ok?

이 것은 마시기에 좋습니까?	Zhè ge hǎohē ma?
이 차는 마시기에 좋습니까?	Zhè ge chá hǎohē ma?
이 것은 보기 좋습니까?	Zhè ge hǎokàn ma?
이 동물은 보기 좋습니까(예쁩니까)?	Zhè ge dòngwù hǎokàn ma?

한자 쓰기

배운 한자 중에서 HSK 필수한자를 연습해 보자.

叫	叫		
부르다			

那	那		
저(것), 그(것)			

水	果	水	果
과일			

西	瓜	西	瓜
수박			

茶	茶		
차			

动	物	动	物
동물			

의사소통을 위한 지식

Q. 중국 라면에도 고수가 들어가고 베트남, 태국 음식 등을 먹으러 가면 라면에 고수풀을 얹어 주는 경우가 있다. 왜 고수를 넣을까요?

고수는 한국인에 입장에서는 맛이 이상하지만, 기름기 있는 음식에 잘 어울리고, 소화를 돕는 작용을 한다.

Q. 중국 사천요리는 맵다고 하는데 왜 그런가요? 중화요리 집에서 사천요리에 해당하는 음식은?

중국의 사천성은 서쪽에 있는데, 분지이고 주변에 하천이 많아 습기가 많은 지역이다. 체내의 한기를 몰아내기 위해서 매운 것을 즐겨 먹는 특성이 있다.

- 고추잡채
- 라조기
- 마파두부
- 깐풍기

✓ 실천과 활용

고추잡채, 라조기, 마파두부, 깐풍기의 그림을 찾아 붙이고, 음식재료와 조리법을 쓴다. 네 가지 중에 하나의 요리를 먹고 느낌을 적는다. 이렇게 배운 지식을 어떻게 활용할지 생각해 본다.

문법 정리

낱말이나 구가 문장 내에서 가지는 문법 기능에 따라 분류한 것을 문장성분이라고 한다. 중국어에서 문장성분에는 주어, 서술어, 목적어, 관형어, 부사어, 보어 등이 있다.

❶ 주어는 서술의 대상이고, 주어를 설명하는 성분을 서술어라고 한다. '주어+서술어'의 어순으로 배열된다.

[예] **你好吗**?

❷ 서술어 앞에 와서 서술어(동사&형용사)를 수식·제한하는 성분을 부사어라고 한다.

[예] 我**很**累。

❸ 서술어(동사) 뒤에 쓰여 동작대상, 판단 대상, 장소 등등을 나타내는 성분을 목적어라고 한다. '서술어+목적어' 어순은 한국어와 다르니 주의한다.

[예] 这是**你的**吗?/ 我听**音乐**。/ 这个叫**什么**?

중국어의 품사는 명사, 대명사, 수사, 양사, 부사, 동사, 형용사, 전치사, 접속사, 조사, 감탄사 등이 있다. 위 품사 중에서 특히 전치사, 접속사, 조사 등에 주의할 필요가 있다. 왜냐하면 전치사, 접속사, 조사 등은 구체적인 의미를 지니지 않고 문법적인 기능을 하기 때문이다. 1과부터 4과까지 조사는 다음과 같다.

❶ 어기조사 '**吗**'는 문장 끝에 붙여 의문문을 만든다.

[예] 你好吗?

❷ 어기조사 '**吧**'는 문장 끝에 쓰여서, 권유, 추측 등을 나타낸다.

[예] 你休息吧。

❸ 구조조사 '**的**'는 체언(명사, 대명사) 뒤에 붙여서 명사형을 만들 수도 있다.

[예] 这是你的吗?

❹ 어기조사 '**呢**'는 말 줄임 효과를 나타낸다.

[예] 这个呢?

성조표기법

- 중국어의 성조는 기본적으로 모음 위에 표기한다.
- 모음이 여러 개 올 때는 a〉o〉e 순으로 표기한다.

복습하기

Quiz

01. 친구와 한 조를 이룬다.
02. 한 명은 다음 단어를 한국어로 불러주고, 다른 한 명은 중국어로 대답한다.
03. 역할을 바꾸어 진행하고 피드백을 해준다.

4.1

- 양고기
- 목소리
- 빵
- 맛있다
- 사람, 물건 등을 세는 단위
- 말줄임 효과를 나타내는 단어

4.2

- 원하다
- ~도
- 몇
- ~에게 ~을 주다
- 젓가락
- 가르치다
- 체육

4.3

- 부르다
- 저(것), 그(것)
- 과일
- 수박
- 차
- 동물

사천요리

❶ 고추잡채

青椒牛肉絲(qīngjiāo niúròu sī) 'qīngjiāo'는 풋고추, 피망 등의 종류를 가리킨다. 'niúròu'는 소고기, 'sī'는 고기를 채 썰 듯이 해 놓은 것을 뜻한다.

❷ 라조기

辣椒鸡(làjiāo jī) 'làjiāo'는 고추, 'jī'는 닭을 의미한다. 양념한 닭고기를 먼저 튀긴 다음 고추, 죽순, 당근, 양파, 표고버섯 등과 함께 맵게 볶은 요리이다. 산동 사투리에서는 닭을 '기'로 발음한다.

❸ 마파두부

麻婆豆腐(má pó dòufu) 사천지방의 시장에서 한 곰보 아줌마(má pó)의 두부(dòufu)요리가 매콤하니 맛있어서 유명해진 요리이다.

❹ 깐풍기

干烹鸡(gān pēng jī)는 'gān'은 국물이 줄어들도록 졸이듯이 익히는 방식이다. 'pēng'은 이미 한번 익힌 주재료를 부재료, 양념과 함께 센 불에서 뒤섞으며 볶아내는 것을 말한다. 튀긴 닭고기(jī)에 매콤한 소스를 끼얹어 먹는 요리이다.

CLASS 05

성함은요

학습목표

✓ 상대방의 이름을 물을 수 있다.

✓ 자신의 감정을 표현할 수 있다.

✓ 다른 사람을 소개할 수 있다.

구성단위

본문 내용과 관련된 구성단위를 배워보자.

5.1

- liù shí 六十 60
- bā shí 八十 80
- qī shí 七十 70
- jiǔ shí 九十 90

5.2

- yì bǎi 一百[1] 100
- sān bǎi 三百 300
- wǔ bǎi 五百 500
- liǎng bǎi 两百 200
- sì bǎi 四百 400

5.3

- liù bǎi 六百 600
- bā bǎi 八百 800
- qī bǎi 七百 700
- jiǔ bǎi 九百 900

1 百 bǎi 숫자 백 : '一'는 뒤에 1, 2, 3성이 오면 4성으로 발음한다. 예를 들면, '**一张**(yì zhāng), **一年**(yì nián), **一起**(yìqǐ)' 같은 경우이다. 다만 순서를 나타낼 에는 원래 성조를 유지한다.

5.1 단어

01. nín 您 당신(존칭)

02. guì 贵 귀하다, 비싸다

03. xìng 姓 성이 ~이다

04. míngzi 名字 이름

05. Wáng Yī 王一 인명

과와 관련된 사진을 붙이거나 그림을 그려보세요.

회화

A Nín guì xìng?

您贵姓?

What's your name?

B Wǒ xìng Wáng, wǒ jiào Wáng Yī.

我姓王。我叫王一。

My last name is Wang and my first name is yee.

Nǐ jiào shénme míngzi ?

你叫什么名字?

What's your name?

B Wǒ jiào ○○○.

我叫○○○。

My name is ○○○。

표현설명(문법)

01 您贵姓?

'**贵姓**'은 상대방의 성을 높여 부르는 말이다. '**姓**'은 명사이지만, 중국어에서는 명사도 서술어 자리에 오면 서술어로 쓰일 수 있다. 중국어는 형태변화가 거의 없어서 품사구분이 불명확할 때가 있다.

02 你叫什么名字?

'**什么**'는 의문대명사로서, 뒤에 오는 피수식어를 다른 성분 없이 바로 꾸밀 수 있다.

03 我叫○○○

흔히 연장자에게는 '**您贵姓**'이라고 묻고, 동년배나 어린 사람에게는 '**你叫什么名字**?'라고 묻는다. 중국어는 존대말이 발달되어 있지는 않지만, 상대방을 존중하는 표현을 하는 것이 좋다. 대답할 때는 '**叫**'를 쓰고 보통 '**是**'를 쓰지 않는다. 중국어에는 음에 해당하는 많은 한자가 존재하므로 이름을 써달라고 하는 것이 좋다. 중국의 대표 성씨에는 '**李**(lǐ), **王**(wǎng), **张**(zhāng)' 등이 있다.

문형연습

cài **菜** 요리, 채소	zhèyàng **这样** 이렇게, 이런 방식으로
zěnme **怎么** 어째서, 어떻게	jiǎndān **简单** 간단하다
zì **字** 글자	
xiě **写** (글씨 등) 쓰다	

01 How do you make this dish?

이 요리, 어떻게 만들어요?	zhè ge cài zěnme zuò?
이 요리, 어떻게 먹나요?	zhè ge cài zěnme chī?
이 글자, 어떻게 쓰나요?	zhè ge zì zěnme xiě?

02 Cook like this

이렇게 만드세요.	zhèyàng zuò.
이렇게 먹으세요.	zhèyàng chī.
이렇게 쓰세요.	zhèyàng xiě.

03 make a dish

요리 만들다.	zuò cài.
요리 만드는 것이 아주 간단해요.	zuò cài hěn jiǎndān.
글씨를 쓰다.	xiě zì.
글씨 쓰는 것이 아주 간단해요.	xiě zì hěn jiǎndān.

한자 쓰기

배운 한자 중에서 HSK 필수한자를 연습해 보자.

您	您		
당신			

贵	贵		
귀하다			

姓	姓		
성			

名	字	名	字
이름			

菜	菜		
요리, 풀			

怎	么	怎	么
어째서, 어떻게			

字	字		
글자			

写	写		
쓰다			

5.2 단어

01. rènshi **认识** 알게 되다, 인식하다

02. gāoxìng **高兴** 기쁘다

03. jiē **接** 마중하다, (물건 등을) 받다, 접수하다

04. men **们** 복수형을 만드는 단어

과와 관련된 사진을 붙이거나 그림을 그려보세요.

회화

A Rènshi nǐ, hěn gāoxìng.

认识你，很高兴。

Nice to meet you.

B Wǒ yě hěn gāoxìng.

我也很高兴。

Nice to meet you, too.

C Xièxie nǐ lái jiē wǒmen.

谢谢你来接我们。

Thank you for coming to pick me up.

B Bú kèqi

不客气。

You're welcome.

표현설명(문법)

01 认识你

상대방을 사귄다는 느낌이 있을 때 이 낱말을 쓴다. 만약 그냥 '만나서 반갑다' 라고 말하고 싶다면 '**见到**(jiàndào)'를 쓴다.

[예] 见到你，很高兴。

02 们

'**们**'은 복수를 나타내는 접미사이다.

03 你来接我们

여기서 동사 '**来**' 뒤에 또 다른 동사 '**接**'가 왔다. 중국어에서 이렇게 동사가 연달아 오는 문장을 연동문이라고 한다. 목적, 수단과 방식, 용도 등의 의미를 나타낸다.

문형연습

jiàn **件** 옷을 세는 단위	zhèr(zhèli) **这儿(这里)** 이 곳
yīfu **衣服** 옷	zǒu **走** 이동하다, 걷다
chuān **穿** 입다, 신다	róngyì **容易** 쉽다

01 Clothes

옷 yīfu

한 벌의 옷 yí jiàn yīfu

이 (한) 벌의 옷 zhè (yí) jiàn yīfu

02 How do you wear this?

어떻게 입나요? zěnme chuān?

어떻게 가나요? zěnme zǒu?

이 (한) 벌의 옷, 어떻게 입나요? zhè (yí) jiàn yīfu zěnme chuān?

이곳 말이예요, 어떻게 가나요? zhèr zěnme zǒu?

03 Wear like this

이렇게 입어요. zhèyàng chuān.

이렇게 가요. zhèyàng zǒu.

이렇게 입으면, 매우 쉬워요. zhèyàng chuān, hěn róngyì.

이렇게 가면, 매우 쉬워요. zhèyàng zǒu, hěn róngyì.

한자 쓰기

배운 한자 중에서 HSK 필수한자를 연습해 보자.

百	百		
백			

认	识	认	识
알게 되다, 인식하다			

高	兴	高	兴
기쁘다			

接	接		
마중하다			

件	件		
옷을 세는 단위			

衣	服	衣	服
옷			

穿	穿		
입다			

走	走		
이동하다, 걷다			

容	易	容	易
쉽다			

简	单	简	单
간단하다			

5.3 단어

01. qǐng **请** 부탁하다, 청하다

02. wèn **问** 묻다

03. shéi **谁** 누구

04. jièshào **介绍** 소개하다

05. de **的** 수식 기능을 하는 조사

06. qīzi **妻子** 아내

과와 관련된 사진을 붙이거나 그림을 그려보세요.

회화

A Qǐng wèn, tā shì shéi?

请问，她是谁?

Excuse me. Who is she?

B Wǒ jièshào.

我介绍。

Let me introduce her to you.

(가까이 불러서)

Zhè shì wǒ de qīzi.

这是我的妻子。

This is my wife.

표현설명(문법)

01 她是谁?

의문대명사 '**谁**'는 사람에 대해 물어 볼 때 쓰인다.

02 这是...

여기서는 '**这**' 뒤에 사람을 높여 말하는 '**位**(wèi, 분)'라는 말이 생략되어 있다.

03 这是我的妻子

'**的**'는 수식하는 말(我)과 수식을 받는 말(妻子) 사이에 쓰여 구조를 만들어 주는 역할을 하는데, 이러한 기능을 하는 것을 구조조사라고 한다. 위 문장에서 '**我**' 처럼 주어나 목적어를 앞에 위치하여 꾸며주는 성분을 관형어라고 한다. 이러한 어순은 한국어도 비슷하다.

문형연습

zài **在** ~에 있다	rèqíng **热情** 열정적이다, 친절하다
nǎr(nǎli) **哪儿(哪里)** 어디	piàoliang **漂亮** 예쁘다
Běijīng **北京** 북경(베이징)	
jiā **家** 집, 가정	

01 Where is he?

그는 어디에 있습니까? — Tā zài nǎr?

그는 북경에 있습니다. — Tā zài Běijīng.

그는 여기에 있습니다. — Tā zài zhèr.

02 Where is your house?

당신 집은 어디에 있습니까? — Nǐ jiā zài nǎr?

내 집은 북경에 있습니다. — Wǒ jiā zài Běijīng.

(가리키며) 내 집은 여기 있습니다. — Wǒ jiā zài zhèr.

03 He is very kind

그는 매우 친절합니다(열정적이다). — Tā hěn rèqíng.

그녀는 매우 예쁩니다. — Tā hěn piàoliang.

한자 쓰기

배운 한자 중에서 HSK 필수한자를 연습해 보자.

한자	뜻
请	부탁하다, 청하다
问	묻다
谁	누구
介绍	소개하다
妻子	아내
在	~에 있다
哪儿	어디
哪里	어디
北京	북경
家	집, 가정
热情	열정적이다
漂亮	예쁘다

의사소통을 위한 지식

Q. 중국 만두 중에 소룡포라는 것이 있다고 하는데요. 심지어 한국편의점에도 이런 중국 만두가 있던데 무엇인가요?

소룡포는 작은 광주리에 찐 만두라는 의미이다.

Q. 중국의 전통의상인 '치파오'는 어느 민족의 의상인가요? 중국 한족의 전통의상과는 어떻게 다른가요?

旗袍(치파오, qípáo)는 만주족의 전통의상이다. 유목민족인 만주족이 한족(농경 민족)을 지배하던 청나라 시기에는 만주족의 의상이 지배계층인 만주족뿐만 아니라 한족에게도 입혀지게 되었다. 그러므로 남자가 변발을 하고, 여자가 치파오를 입는 시대극은 바로 청나라 시대를 배경으로 하는 것이다.

✓ **실천과 활용**

1. 지금까지 배운 중화요리 중에서 자신이 할 수 있을 만한 요리를 선택해서 만들어 보고, 사진이나 동영상을 자신의 SNS에 올립니다. 이 요리를 누구에게 해 줄 것인가요?
2. 중국어 입력법을 인터넷에서 찾아보고, 핸드폰에 '간체중문(简体中文)'을 다운 받아 놓습니다. 중국 포털인 바이두(百度, bǎidù, www.baidu.com) 사이트를 엽니다. 입력언어를 '简体中文'으로 바꾼 후, 검색창에 'qípáo'를 입력하고 하단 한자 중에서 '旗袍'를 선택하여 검색합니다. 상단메뉴 중 '图片'을 선택합니다. 마음에 드는 그림을 캡쳐하여 친구에게 보내고, 설명을 해 줍니다.

복습하기

Quiz

01. 친구와 한 조를 이룬다.
02. 한 명은 다음 단어를 한국어로 불러주고, 다른 한 명은 중국어로 대답한다.
03. 역할을 바꾸어 진행하고 피드백을 해준다.

5.1

- 당신
- 귀하다
- 성
- 이름
- 요리, 풀
- 어째서, 어떻게
- 글자
- 쓰다
- 간단하다

5.2

- 백
- 기쁘다
- 마중하다
- 옷을 세는 단위
- 옷
- 입다
- 쉽다
- 이동하다, 걷다
- 알게 되다, 인식하다

5.3

- 부탁하다, 청하다
- 묻다
- 누구
- 소개하다
- 아내
- ~에 있다
- 어디
- 북경
- 집, 가정
- 열정적이다
- 예쁘다

소룡포

소룡포(小笼包, xiǎolóng bāo)에서 'xiǎolóng'은 작은 대나무 광주리, 'bāo'는 만두를 의미한다. 즉 작은 대나무 광주리에 담아 증기에 쪄내는 만두라고 할 수 있다.

중국에서 만두는 낱개로 판매하지 않고 광주리 단위로 판매하는 것도 한국과 다르다.

크게 고기만두와 육즙 만두(tāngbāo라고도 함)로 나뉜다. 이 육즙 만두는, 뜨거워서 입이 델 수 있으므로 숟가락에 우선 담아서 터트려서 먹어야 한다. 육즙만두의 경우 특히 상해 예원 주변의 '남상만두'가 유명하다.

CLASS 06

환영해요

학습목표

✓ 상대방의 국적을 물을 수 있다.

✓ 상대방의 직업을 알 수 있다.

✓ 상대방의 학습 상황을 알 수 있다.

구성단위

본문 내용과 관련된 구성단위를 배워보자.

6.1

- yì qiān 一千[1] 천
- liǎng qiān 两千 이천
- sān qiān 三千 삼천
- sì qiān 四千 사천

6.2

- yí wàn 一万[2] 만
- liǎng wàn 两万 이만
- sān wàn 三万 삼만
- sì wàn 四万 사만

6.3

- yī diǎn 一点[3] 1시
- liǎng diǎn 两点 2시
- sān diǎn 三点 3시
- sì diǎn 四点 4시
- wǔ diǎn 五点 5시

1 千 qiān 숫자 천
2 万 wàn 숫자 만
3 点 diǎn 순서를 나타낼 때는 '一'는 원래 성조로 발음한다.

6.1 단어

01. nǎ **哪** 어느, 어떤

02. guó **国** 나라, 국가

03. rén **人** 사람

04. Hánguó **韩国** 한국

05. huānyíng **欢迎** 환영하다

과와 관련된 사진을 붙이거나 그림을 그려보세요.

회화

A Qǐngwèn,

请问,

Excuse me,

Nǐ shì nǎ guó rén?

你是哪国人?

What is your nationality?

B Wǒ shì Hánguó rén.

我是韩国人。

I'm a Korean.

A Huānyíng, huānyíng!

欢迎, 欢迎!

Welcome, welcome.

B Xiè xie.

谢谢!

Thank you.

표현설명(문법)

01 哪

'**哪**'는 의문대명사로서 여러 개 중에서 어떤 것을 물을 때 쓴다. 관련된 대명사를 정리하면 다음과 같다.

지시 대명사 这 / 那

	가까운 것	먼 것
사람·사물	**这**	**那**
장소	**这儿(这里)**	**那儿(那里)**

의문대명사 哪

	의문 대상
사람·사물	**哪**
장소	**哪儿(哪里)**

02 你是哪国人?

'**哪国人**'은 상대방의 국적을 물을 때 쓴다. 중국어에도 영어의 'Where are you rom'에 해당하는 표현이 있다. 중국은 90%정도의 한족과 10% 내외의 55개 소수민족으로 이루어진 다민족 국가이다. 그러므로 외모로 외국인인지 아닌지 판단하기 쉽지 않다.

문형연습

qù 去[4] ~에 가다	gānjìng 干净 깨끗하다
fàndiàn 饭店 호텔	xiǎo 小 작다, (나이가)어리다
fànguǎn 饭馆 음식점	
shāngdiàn 商店 상점	

01 Where are you going?

당신은 어디 갑니까? Nǐ qù nǎr?

그는 어디 갑니까? Tā qù nǎr?

그녀는 어디 갑니까? Tā qù nǎr?

02 I'm going to the hotel

나는 호텔에 갑니다. Wǒ qù fàndiàn.

그는 음식점에 갑니다. Tā qù fànguǎn.

그녀는 상점에 갑니다. Tā qù shāngdiàn.

03 The hotel is very clean

호텔은 매우 깨끗합니다. Fàndiàn hěn gānjìng.

음식점은 매우 작습니다. Fànguǎn hěn xiǎo.

4 자음 'j, q, x'와 결합하는 모음 'u'는 '우'가 아니라 '위'라고 발음해야 된다. 왜냐하면 'ü'에서 온 발음이기 때문이다.

한자 쓰기

배운 한자 중에서 HSK 필수한자를 연습해 보자.

千	千		
(숫자) 천			

哪	哪		
어느, 어떤			

人	人		
사람			

欢	迎	欢	迎
환영하다			

去	去		
~에 가다			

饭	店	饭	店
음식점			

商	店	商	店
상점			

干	净	干	净
깨끗하다			

小	小		
작다, (나이가) 어리다			

饭	店	饭	店
호텔			

6.2 단어

01. Zhōngguó **中国** 중국

02. gōngzuò **工作** 일, 일하다

03. xué[5]sheng **学生** 학생

과와 관련된 사진을 붙이거나 그림을 그려보세요.

5 'xué'에서 'ue'는 'üe'에서 온 것이기 때문에 발음할 때 '쉬에'처럼 읽는다.

회화

A Tāmen yě shì Hánguó rén ma?

他们也是韩国人吗?

Are they Korean, too?

B Bú shì, tāmen shì Zhōngguó rén.

不是，他们是中国人。

No, They are Chinese.

A Nǐ zuò shénme gōngzuò?

你做什么工作?

What do you do(for a living)?

B Bù gōngzuò, wǒ shì xuésheng.

不工作，我是学生。

I'm a student.

표현설명(문법)

01 他们

	1인칭	2인칭	3인칭
복수	**我们** wǒmen	**你们** nǐmen	**他们** tāmen **她们** tāmen **它们** tāmen

02 他们也是韩国人吗?

'**也**'는 포함관계를 나타낸다.

03 你做什么工作?

중국어에는 한 단어가 여러 가지 품사가 되는 경우가 있다. 예를 들어 '**工作**'의 경우, '**你做什么工作**'에서는 '명사'로 쓰였고, 7과에 나오는 '**我在医院工作**'에서는 동사로 쓰였다.

문형연습

zuò **坐** 앉다, 타다	juéde **觉得** ~라고 여기다
fēijī **飞机** 비행기	mǎnyì **满意** 만족하다
dìtiě **地铁** 지하철	fāngbiàn **方便** 편리하다
chūzūchē **出租车** 택시	
gōnggòngqìchē **公共汽车** 버스(公车)	

01 I go by plane

나는 비행기를 탄다. Wǒ zuò fēijī.

나는 지하철을 탄다. Wǒ zuò dìtiě.

그(녀)는 택시를 탄다. Tā zuò chūzūchē.

그(녀)는 버스를 탄다. Tā zuò gōnggòngqìchē.

02 I take the subway

나는 지하철을 타고 간다. Wǒ zuò dìtiě qù.

나는 택시를 타고 간다. Wǒ zuò chūzūchē qù.

나는 버스를 타고 간다. Wǒ zuò gōnggòngqìchē qù.

당신은 무엇을 타고 갑니까? Nǐ zuò shénme qù?

03 I feel satisfied

나는 만족스럽다고 느껴요. Wǒ juéde hěn mǎnyì.

나는 편리하다고 느껴요. Wǒ juéde hěn fāngbiàn.

한자 쓰기

배운 한자 중에서 HSK 필수한자를 연습해 보자.

万	万		
(숫자) 만			

坐	坐		
타다, 앉다			

中	国	中	国
중국			

工	作	工	作
일, 일하다			

学	生	学	生
학생			

飞	机	飞	机
비행기			

地	铁	地	铁
지하철			

觉	得	觉	得
~라고 여기다			

满	意	满	意
만족하다			

方	便	方	便
편리하다			

出	租	车	出	租	车			
택시								

公	共	汽	车	公	共	汽	车
버스							

6.3 단어

01. xuéxí **学习** 배우다

02. Hànyǔ **汉语** 중국어

03. zěnmeyàng **怎么样** 어떠하다

04. yǒu **有** 있다, 가지고 있다

05. yìsi **意思** 뜻, 의미, 재미

과와 관련된 사진을 붙이거나 그림을 그려보세요.

회화

A Nǐ xuéxí shénme?

你学习什么?

What do you study?

B Wǒ xuéxí Hànyǔ.

我学习汉语。

I study Chinese.

A Hànyǔ zěnmeyàng? Yǒu yìsi ma?

汉语怎么样? 有意思吗?

How about studying Chinese? Is it fun?

B Yǒu yìsi.

有意思。

Yes, It's fun.

표현설명(문법)

01 汉语怎么样

'**怎么样**'은 의문대명사로써, 상태가 어떠한지를 묻는 것이다.

02 有意思吗?

'**有**'는 소유나 존재를 나타낸다. 여기서 '**意思**'는 서술어 뒤에 와서 목적어 역할을 한다. 한국어로 직역하면 '재미가 있습니까?'라고 해서 목적어처럼 보이지 않는다는 것에 주의한다.

문형연습

xǐhuan **喜欢** 좋아하다, 마음에 들다	huídá **回答** 대답하다
yánsè **颜色** 색, 색깔	rènzhēn **认真** 진지하다, 열심히 하다
hóngsè **红色** 빨간색	
hēisè **黑色** 검은색	
báisè **白色** 하얀색	

01 What color?

무슨 색깔?	shénme yánsè?
무슨 색깔의 것?	shénme yánsè de?
빨간색의 것	hóngsè de
검은색의 것	hēisè de
하얀색의 것	báisè de

02 What color (of clothes) do you like?

당신은 무슨 색깔의 것을 좋아합니까?	Nǐ xǐhuan shénme yánsè de?
나는 빨간색의 것을 좋아합니다.	Wǒ xǐhuan hóngsè de.
나는 검은색의 것을 좋아합니다.	Wǒ xǐhuan hēisè de.
나는 하얀색의 것을 좋아합니다.	Wǒ xǐhuan báisè de.

03 He has a question

그는 질문합니다.	Tā wèn wèntí.
그는 대답합니다.	Tā huídá.
그는 매우 진지합니다.	Tā hěn rènzhēn.

한자 쓰기

배운 한자 중에서 HSK 필수한자를 연습해 보자.

点 点	시
学 习 学 习	배우다
汉 语 汉 语	중국어
有 有	있다, 가지고 있다
意 思 意 思	의미, 재미
喜 欢 喜 欢	좋아하다
颜 色 颜 色	색깔
红 红	빨갛다
黑 黑	검다
白 白	하얗다
回 答 回 答	대답하다
认 真 认 真	진지하다
怎 么 样 怎 么 样	어떠하다

의사소통을 위한 지식

Q. 한국의 음식점과 중국음식점의 다른 점은 무엇인가요?

중국에서는 음식점에 갔을 때 사람 숫자가 많아야 여러 요리들을 시켜서 다양하게 먹을 수 있다. 그러므로 2인 전후일 때는 대형음식점보다는 소형음식점을 가는 게 좋다. 소형음식점에는 적은 인원이 밥을 먹기 좋도록 볶음밥이나 다양한 중국 음식을 덮밥 형태로 파는 등 종류도 많다. 또 간단한 분식류를 취급하기도 한다.

Q. 중국의 대중교통인 택시와 버스는 우리의 교통수단과 어떤 점이 다른가요?

택시는 출퇴근 시간대 등은 피해서 잡아야 하며, 택시가 서지 않는 지역은 피한다. 내릴 때는 꼭 영수증을 받는다. 중국은 우리의 카카오택시 같은 서비스가 잘 되어 있어서 예약 택시가 많고, 핸드폰 결재가 생활화되어 있다. 버스는 외국인인 경우, 현금이나 교통카드 등을 산다. 버스는 보통 요금을 거슬러주지 않으므로 미리 동전을 준비한다.

Q. 중국인들이 빨간 색을 좋아하는 이유는 무엇인가요?

옛날부터 중국인들인 빨간 색이 길조라고 생각했기 때문에 경사스러운 일이 발생했을 때는 빨간색으로 치장한다. 전통혼례식의 예복이나 설날 빨간 봉투에 돈을 넣어준다.

✓ 실천과 활용

인터넷에서 '신서유기'등과 같은 예능 프로그램을 찾아서 시청합니다. 들리는 중국어 단어나 문장이 있는지 체크해 봅니다. 또 특이한 문화현상이 있다면 친구와 얘기해 보세요.

복습하기

Quiz

01. 친구와 한 조를 이룬다.
02. 한 명은 다음 단어를 한국어로 불러주고, 다른 한 명은 중국어로 대답한다.
03. 역할을 바꾸어 진행하고 피드백을 해준다.

6.1

(숫자) 천	어느, 어떤	나라	사람
환영하다	~에 가다	음식점	상점
깨끗하다	조용하다	작다	

6.2

(숫자) 만	중국	일, 일하다	학생
타다, 앉다	비행기	지하철	택시
버스	~라고 여기다	만족하다	편리하다

6.3

시	배우다	중국어	어떠하다
의미, 재미	좋아하다	색깔	빨갛다
검다	하얗다	문제	대답하다
진지하다	있다, 가지고 있다		

CLASS 07

당신은 올해 몇 살인가요

학습목표

✓ 가족 구성원을 물을 수 있다.

✓ 일하는 곳의 위치를 물을 수 있다.

✓ 나이를 묻고, 수량을 비교할 수 있다.

구성단위

본문 내용과 관련된 구성단위를 배워보자.

7.1

- liù diǎn 六点 6시
- bā diǎn 八点 8시
- qī diǎn 七点 7시
- jiǔ diǎn 九点 9시

7.2

- shí diǎn 十点 10시
- shí èr diǎn 十二点 12시
- shí yī diǎn 十一点 11시

7.3

- dì yī 第[1]一 첫(번)째
- dì èr ge 第二个 두 번째 것
- dì yí ge 第一个 첫 번째 것

1 dì, 수사(數詞) 앞에 쓰여 차례의 몇 째를 가리킴

7.1 단어

01. jiā **家** 집, 가정

02. dōu **都** 모두

03. bàba **爸爸** 아빠

04. māma **妈妈** 엄마

05. jiějie **姐姐** 언니, 누나

06. hé **和** 병렬관계를 나타내는 접속사

07. cuò **错** 틀리다

08. le **了** 변화, 완료 등을 나타내는 조사

09. zuǒbian **左边** 왼쪽

과와 관련된 사진을 붙이거나 그림을 그려보세요.

회화

A Nǐ jiā dōu yǒu shénme rén?

你家都有什么人?

Who is in your family?

B Bàba, māma, yí ge jiějie hé wǒ.

爸爸, 妈妈, 一个姐姐和我。

Dad, mom, one sister and me.

A (사진을 가리키며) Zhè shì nǐ jiějie ma?

这是你姐姐吗?

Is this your sister?

B Cuò le. zuǒbiān shì wǒ jiějie.

错了! 左边是我姐姐。

No. The person on the left is my sister.

표현설명(문법)

01 你家都有什么人?

'有'는 소유나 존재를 나타낸다. 특히 '장소+**有**+사람.사물'의 순서일 때는 존재를 나타낸다. 서술어 **'有'** 뒤에 동작대상을 나타내는 목적어 **'什么人'**이 왔다. 이때 한국어로는 '어떤 사람이 있습니까?'로 번역되어 목적어처럼 보이지 않는데 주의한다. **'都'**는 여러 개를 총괄하므로 '누구, 누구'가 있느냐는 식으로 여러 사람(또는 갯수)을 언급하여 번역한다.

02 爸爸、妈妈、一个姐姐和我。

'和'는 단어와 단어, 구와 구 등을 연결해 주는 접속사로서, 병렬관계를 나타낸다. 접속사란 두 개의 단어나 구 혹은 문장을 접속시켜 병렬.인과.조건.가정 등의 문법관계를 나타낸다. 접속사는 한국어로 번역시 대응되는 성분이 명확하지 않는 경우도 있으니 주의한다.

03 错了

여기서 **'了'**는 어기조사로서, 문장 끝에 쓰여 변화 . 완료 등을 나타내거나 말을 부드럽게 해주는 역할도 한다. 어기조사는 문장 끝에 쓰여 여러 가지 말의 기분, 분위기 등을 나타낸다. 위와 같은 조사는 자기 뜻이 없이 일정한 기능만 하므로, 한국어로 번역했을 때 대응되는 성분이 없는 경우가 많아서 주의해야 한다.

문형연습

shéi **谁** 누구	pàng **胖** 뚱뚱하다, 살이 많다
gǒu **狗** 개	shòu **瘦** 빼빼하다, 살이 적다
māo **猫** 고양이	

01 dog

강아지	gǒu
고양이	māo
작은 강아지	xiǎo gǒu
작은 고양이	xiǎo māo

02 Whose dog?

누구의 작은 강아지	shéi de xiǎo gǒu
누구의 작은 고양이	shéi de xiǎo māo
이것은 누구의 강아지입니까?	zhè shì shéi de xiǎo gǒu?
이것은 누구의 고양이입니까?	zhè shì shéi de xiǎo māo?

03 He is very fat

그(녀)는 매우 뚱뚱하다.	Tā hěn pàng.
그(녀)는 매우 마르다.	Tā hěn shòu.

한자 쓰기

배운 한자 중에서 HSK 필수한자를 연습해 보자.

家 家	집, 가정
都 都	모두
爸 爸 爸 爸	아빠
妈 妈 妈 妈	엄마
姐 姐 姐 姐	언니, 누나
和 和	그리고, ~와
谁 谁	누구
错 错	틀리다
了 了	변화, 완료 등을 나타내는 조사
左 边 左 边	왼쪽
狗 狗	개
猫 猫	고양이
胖 胖	뚱뚱하다
瘦 瘦	마르다

7.2 단어

01. gōngzuò **工作** 일

02. zài **在** 지점, 시점을 나타내는 전치사

03. yīyuàn **医院** 병원

04. yīshēng **医生** 의사

05. duì **对** 맞다, ~에게 대하다

과와 관련된 사진을 붙이거나 그림을 그려보세요.

회화

A Nǐ Bàba zuò shénme gōngzuò?

你爸爸做什么工作?

What does your dad do?

B Wǒ Bàba zài yīyuàn gōngzuò. Tā shì yīshēng.

我爸爸在医院工作，他是医生。

My dad works at a hospital. He is a doctor.

A Nǐ Bàba duì nǐ hǎo ma?

你爸爸对你好吗?

Is your father nice to you?

B Tā duì wǒ hěn hǎo.

他对我很好。

Yes, he is.

표현설명(문법)

01 我在医院工作。

'**在**'가 전치사로 쓰일 때는 '지점' 등을 나타낸다. 전치사란 명사나 대명사 앞에 위치하여 전치사구를 형성하며 시간, 장소, 방향, 대상, 원인, 방식, 피동, 비교, 배제 등의 문법적 의미를 나타낸다. 중국어에서는 '전치사+명사구'가 부사어가 되어 서술어를 앞에서 위치하는데 영어어순과 다르므로 주의한다. 또한 전치사는 한국어로 번역했을 때 대응성분이 없거나 잘 드러나지 않는 경우도 있으므로 주의한다.

02 爸爸对你好吗?

'**对**'는 동사로 쓰여 '~에게 (어떻게) 대해주다'는 의미를 가진다. 그러므로 일반적으로 '**对**'의 뒤에는 '어떻게'에 해당하는 방식을 나타내는 말([예] 好)이 부가된다. 긍정으로 대답할 때에는 '**爸爸对我好**'라고 말하고, 부정으로 대답할 때에는 '**爸爸对我不好**'라고 답한다.

문형연습

yùndòng **运动** 운동	tī **踢** 차다
xǐhuan **喜欢** 좋아하다	zúqiú **足球** 축구
pǎobù **跑步** 달리다	dǎ **打** 때리다, 하다
	lánqiú **篮球** 농구
	zuì **最** 제일, 최고로

01 What sports

무슨 운동? shénme yùndòng?

무슨 운동을 좋아합니까? xǐhuan shénme yùndòng?

당신은 무슨 운동을 좋아합니까? Nǐ xǐhuan shénme yùndòng?

02 I like to run

나는 달리기 하는 것을 좋아합니다. wǒ xǐhuan pǎobù.

그는 축구 차는 것을 좋아합니다. Tā xǐhuan tī zúqiú.

그(그녀)는 농구 하는 것을 좋아합니다. Tā xǐhuan dǎ lánqiú.

03 like

좋아합니다. xǐhuan.

제일 좋아합니다. zuì xǐhuan.

나는 달리기 하는 것을 제일 좋아합니다. Wǒ zuì xǐhuan pǎobù.

그는 축구 차는 것을 제일 좋아합니다. Tā zuì xǐhuan tī zúqiú.

그(그녀)는 농구하는 것을 제일 좋아합니다. Tā zuì xǐhuan dǎ lánqiú.

한자 쓰기

배운 한자 중에서 HSK 필수한자를 연습해 보자.

工	作	工	作
일			

在	在		
~에서(지점, 시점)			

医	院	医	院
병원			

医	生	医	生
의사			

对	对		
~에게 대하다			

运	动	运	动
운동			

喜	欢	喜	欢
좋아하다, 마음에 들다			

跑	步	跑	步
달리기를 하다			

打	打		
때리다, 하다			

篮	球	篮	球
농구			

踢	足	球	踢	足	球			
축구하다								

7.3 단어

01. jīnnián **今年** 올해

02. duō **多** 많다, 얼마나

03. dà **大** 크다, (나이가) 많다

04. suì **岁** 나이, 살

05. bǐ **比** 비교를 나타내는 전치사

06. lǚyóu **旅游** 여행하다

과와 관련된 사진을 붙이거나 그림을 그려보세요.

회화

A　Nǐ jīnnián duō dà?

你今年多大?

Excuse me, how old are you?

B　Wǒ èr shí yī suì. Nǐ ne?

我二十一岁，你呢?

I'm 21 years old. And you?

A　Wǒ bǐ nǐ dà, Wǒ èr shí sān suì.

我比你大，我二十三岁。

I'm older than you. I'm 22 years old.

Nǐ lái Zhōngguó zuò shénme?

你来中国做什么?

What brings you to China?

B　Lǚyóu.

旅游。

For travel.

표현설명(문법)

01 你今年多大?

이 문장에서 '**多**'는 의문부사로 쓰여 '얼마나'의 의미를 갖는다. 뒤에 형용사가 붙어서 수량을 묻는데 쓰인다.

- **多大**(Duō dà)? · **三十五岁**(sān shí wǔ suì)。
- **多高**(Duō gāo)? · **一米七五**(yì mǐ qī wǔ)。
- **多重**(Duō zhòng?)? · **七十公斤**(qī shí gōngjīn) [2]。

중국어에서 나이를 물어보는 방법은 크게 세 가지로 나뉜다. 어린이에게는 '**你几岁**?(nǐ jǐ suì)'라고 묻는다. 일반적인 나이를 묻는 표현은 '**你今年多大**?'이며, 연장자에게는 '**您今年多大年纪**(Nín jīnnián duō dà niánji)'라고 물어본다.

02 我三十五岁

중국어에서 명사, 수사, 명사구, 수량구는 출신, 연령, 날짜, 절기, 명절, 가격 등을 나타낼 때는 그 자체로 서술어가 될 수 있다. 여기서는 '**三十五岁**'가 서술어로 쓰였다.

03 我比你大

중국어에서 '**比**'는 비교를 나타낼 때 쓰이는 전치사이다. 중국어에서 전치사 뒤에는 명사성 단어, 구가 와서 전치사구를 이룬다. 이 전치사구가 부사어가 되어 서술어를 앞에서 꾸민다. '**更**'이나 '**还**'를 이용하여 비교우위를 나타낼 수 있다.

[예] **我比你更大 / 我比你还大**。 내가 너 보다 더 나이가 많다

중국에서는 나이 차이를 크게 신경 쓰지 않는다. 몇 살 차이라도 친하게 되면 친구가 될 수 있다.

15 **公斤** gōngjīn 킬로그램

문형연습

shū **书** 책	pá shān **爬山** 산을 오르다
chàng **唱** 부르다	duànliàn **锻炼** 단련하다, 운동하다
gē **歌** 노래	shēntǐ **身体** 몸, 신체
tiào **跳** 뛰다, 추다	yìqǐ **一起** 함께
wǔ **舞** 춤	

01 read a book

책을 보다.	kàn shū.
노래를 부르다.	chàng gē.
춤을 추다.	tiào wǔ.

02 sing together

함께 노래를 부르다.	yìqǐ chàng gē.
함께 춤을 추다.	yìqǐ tiào wǔ.
함께 등산하다.	yìqǐ pá shān.
함께 몸을 단련하다.	yìqǐ duànliàn shēntǐ.

03 sing with me

나와 함께 노래를 부르다.	hé wǒ yìqǐ chàng gē.
나와 함께 춤을 추다.	hé wǒ yìqǐ tiào wǔ.
그(녀)와 함께 함께 등산하다.	hé tā yìqǐ pá shān.
그(녀)와 함께 운동하다.	hé tā yìqǐ duànliàn shēntǐ.

한자 쓰기

배운 한자 중에서 HSK 필수한자를 연습해 보자.

多	多		
많다, 얼마나			

大	大		
크다, (나이가) 많다			

岁	岁		
나이, ~살			

比	比		
~보다(비교)			

旅	游	旅	游
여행하다			

一	起	一	起
함께			

书	书		
책			

唱	歌	唱	歌
노래를 부르다			

跳	舞	跳	舞
춤을 추다			

爬	山	爬	山
등산하다			

锻	炼	锻	炼
단련하다			

身	体	身	体
몸, 신체			

의사소통을 위한 지식

Q. 중국의 가족 계획은 어떻게 발전되어 왔나요?

1980년대부터 지나친 인구 증가를 막기 위해 1가구 1자녀 정책을 실시하였는데, 인구의 급격한 노령화, 노동인구 감소 등으로 2016년부터 두 자녀 정책을 실시하였고, 2021년부터는 세 자녀 정책으로 확대되었다.

Q. 중국에서 약국이나 병원을 갈 때 주의할 점은 무엇인가요?

중국의 약국에서는 중약과 양약을 모두 판매한다. 언어소통이 잘 안되기 쉬우므로 상비약 정도는 휴대하는 것이 좋다. 또한 중국에는 해장 문화가 거의 없어서 숙취 해소약도 구하기 어렵다. 병원에 갈 때는 여권 등을 소지해야 하고, 언어 소통이 잘 안되기 때문에 중국 친구의 도움이 필요한 경우가 많다.

✓ 실천과 활용

중국인들의 국민 메신저인 'wechat'을 설치하고 친구를 만들어 보자. 위쳇에는 번역기능도 있고, 급하면 영어 등을 이용해 소통을 시도한다. 그리고 친한 한국 친구와 함께 중국에 놀러 갈 계획을 세워 보자.

문법 정리

01 문장성분

주어나 목적어를 앞에 위치하여 꾸며주는 성분을 관형어라고 한다.

[예] 这是我的妻子。

02 품사

조사

❶ '**的**'는 수식하는 말(**我**)과 수식을 받는 말(**妻子**) 사이에 쓰여 구조를 만들어 주는 역할을 하는데, 이러한 기능을 하는 것을 구조조사라고 한다.

[예] 这是**我的**妻子。

❷ '**了**'는 어기조사로서, 문장 끝에 쓰여 변화, 완료 등을 나타낸다.

[예] 错了

전치사

❶ '**在**'가 전치사로 쓰일 때는 '지점' 등을 나타낸다. 전치사란 명사나 대명사 앞에 위치하여 전치사구를 형성하며 시간, 장소, 방향, 등의 의미를 나타낸다.

[예] 他在医院工作。

❷ 중국어에서 '**比**'는 비교를 나타낼 때 쓰이는 전치사이다.

[예] 我比你大。

접속사

'**和**'는 단어와 단어, 구와 구 등을 연결해 주는 접속사로서, 병렬관계를 나타낸다. 접속사란 두 개의 단어나 구 혹은 문장을 접속시켜 병렬, 인과, 조건, 가정 등의 문법 관계를 나타낸다.

03 특수문형

연동문

중국어에서 이렇게 동사가 연달아 오는 문장을 연동문이라고 한다. 목적, 수단과 방식, 용도 등의 의미를 나타낸다.

[예] **谢谢你来接我们。**

존재문

'**有**'는 소유나 존재를 나타낸다.

[예] **你家都有什么人?**

복습하기

Quiz

01. 친구와 한 조를 이룬다.
02. 한 명은 다음 단어를 한국어로 불러주고, 다른 한 명은 중국어로 대답한다.
03. 역할을 바꾸어 진행하고 피드백을 해준다.

7.1

- 집, 가정
- 모두
- 아빠
- 엄마
- 언니, 누나
- 그리고, ~와
- 틀리다
- 왼쪽
- 개
- 고양이
- 뚱뚱하다
- 마르다
- 변화, 완료 등을 나타내는 조사

7.2

- 일
- ~에서
- 병원
- 의사
- ~에 대하다
- 운동
- 축구하다
- 때리다, 하다
- 농구
- 달리기를 하다
- 좋아하다, 마음에 들다

7.3

- 많다, 얼마나
- 나이
- ~보다
- 여행하다
- 함께
- 책
- 노래를 부르다
- 춤을 추다
- 등산하다
- 단련하다
- 몸, 신체
- 함께
- 크다, (나이가) 많다

※ 8과부터는 초급을 벗어났다고 판단되어,
단어 수가 늘어나고 HSK2급·3급을 중심으로 단어와 문법포인트를 배우게 됩니다.
편집면에서도 한자가 먼저 제시됩니다.

CLASS 08

지금 몇 시예요

학습목표

- ✓ 시간을 물을 수 있다.
- ✓ 생년월일을 말할 수 있다.
- ✓ 시량을 말할 수 있다.

구성단위

본문내용과 관련된 구성단위를 배워보자.

8.1

- **分** fēn 분
- **十分** shí fēn 10분
- **二十分** èr shí fēn 20분

8.2

- **三十分** sān shí fēn 30분
- **四十分** sì shí fēn 40분
- **五十分** wǔ shí fēn 50분

8.3

- **月** yuè 월
- **一月** yī yuè 1월
- **二月** èr yuè 2월
- **三月** sān yuè 3월
- **四月** sì yuè 4월
- **五月** wǔ yuè 5월
- **六月** liù yuè 6월

8.1 단어

01. **现在** xiànzài 현재, 지금

02. **等** děng 기다리다

03. **下** xià 횟수를 나타내는 양사

04. **快** kuài 빠르다, 빨리

05. **准备** zhǔnbèi 준비하다

06. **上** shàng 위, 다니다

07. **班** bān 반, 근무

08. **今天** jīntiān 오늘

09. **星期** xīngqī 주, 주일

과와 관련된 사진을 붙이거나 그림을 그려보세요.

회화

A　现在几点?

Xiànzài jǐ diǎn?

What time is it, now?

B　等一下，七点! 快准备上班。

Děng yí xià. (시계를 보며), qī diǎn. Kuài zhǔnbèi shàngbān!

wait a minute. seven o'clock! Hurry up and get ready for work

A　今天是星期六!

Jīntiān shì xīngqīliù.

It's Saturday.

표현설명(문법)

01 现在几点

여기서 '**几点**'은 수량구이지만, 그 자체로 서술어가 될 수 있다. 시간을 나타내는 단위는 시의 경우 '**点**'이고 분은 '**分**'이다. 15분, 30분, 45분을 각각 '**一刻**(yí kè), **半**(bàn), **三刻**(sān kè)'라고도 말할 수 있다. '**刻**'는 1/4을 가리킨다.

02 等一下

'**下**'는 양사인데 동작의 횟수를 센다고 하여 동량사라고 말하기도 한다. 수사와 결합한 '**一下**'는 동사 뒤에 쓰여 횟수를 나타내거나, 짧은 시간에 어떤 동작이 실행되는 것을 나타낸다.

중국어에서는 이렇게 서술어 뒤에 쓰여 앞 성분을 보충 설명해 주는 문장성분을 보어라고 한다. 보어는 크게 일곱 가지로 나뉘는데, 그중에서 위와 같이 동작의 양(횟수)을 나타내는 경우에는 동량보어라고 한다.

중국어에서 보어는 보충하는 성분으로써, 한국어의 보어나 영어의 보어와는 개념이 다르다. 중요한 것은 순서인데, 항상 보어는 서술어 뒤, 목적어 앞에 온다는 것에 주의한다. 또한 위와 같은 경우에는 한국어에서는 부사어(좀 기다려요)로 번역되기 때문에 어순에 주의해야 한다.

03 星期六

중국어에서 요일은 '**星期**'를 써서 나타낸다. 개별적인 요일을 이야기할 때는 뒤에 숫자만 바꾸어 주면 되고, 일요일은 날이라는 의미의 '**天**(tiān)'을 붙여준다. 예를 들면, "**星期一**, **星期二**, **星期三**, **星期四**, **星期五**, **星期六**, **星期天**"이다.

문형연습

起床 qǐchuáng 기상하다	洗 xǐ 씻다, 세탁하다
刷牙 shuāyá 이를 닦다	课 kè 수업
洗澡 xǐzǎo 목욕하다	
睡觉 shuìjiào 잠자다	

01 What time does he get up?

그는 몇 시에 기상합니까? **他几点起床?**

그는 몇 시에 이를 닦습니까? **他几点刷牙?**

그는 몇 시에 목욕을 합니까? **他几点洗澡?**

당신은 몇 시에 잠잡니까? **你几点睡觉?**

02 What time will you wash your clothes?

당신은 몇 시에 옷을 세탁합니까? **你几点洗衣服?**

당신은 몇 시에 수업이 있습니까? **你几点有课?**

03 What time does he go to work?

그는 몇 시에 출근합니까? **他几点上班?**

그녀는 몇 시에 퇴근합니까? **她几点下班?**

그는 몇 시에 수업을 합니까? **他几点上课?**

그녀는 몇 시에 수업이 끝납니까? **她几点下课?**

한자 쓰기

배운 한자 중에서 HSK 필수한자를 연습해 보자.

分	분	现在	현재
等	기다리다	下	횟수를 세는 단위
快	빠르다	准备	준비하다
上	위, 다니다	班	반, 근무
今天	오늘	星期	주, 주일
起床	기상하다	刷牙	이를 닦다
洗澡	목욕하다	睡觉	잠자다
洗	씻다	课	수업

8.2 단어

01. 号 hào 일, 날짜

02. 生日 shēngrì 생일

03. 月 yuè 월

04. 就 jiù 바로

05. 祝 zhù 축하하다, 축원하다

06. 快乐 kuàilè 즐겁다

과와 관련된 사진을 붙이거나 그림을 그려보세요.

회화

A　今天几号?

Jīntiān jǐ hào?

What day is today?

B　十三号。

Shí sān hào

It's the 13th.

A　你的生日几月几号?

Nǐ de shēngrì jǐ yuè jǐ hào?

When is your birthday?

B　就是今天!

Jiù shì Jīntiān.

It's today.

A　祝你生日快乐!

Zhù nǐ shēngrì kuàilè!

Happy birthday!

표현설명(문법)

01 今天几号

여기서 '**几号**'는 수량구이지만, 서술어 자리에 와서 서술어 역할을 할 수 있다.

02 就是今天

'**就**'는 '곧. 즉시'의 의미를 지닌 부사로써, 사건이 짧은 시간 안에 이어짐을 나타낸다.

03 祝你生日快乐

'**祝**'는 '기원하다. 바라다. 축하하다. 축복하다'는 의미로써 인사말에 많이 쓰인다. 예를 들면 '**祝你一路顺风**(zhù nǐ yílù shùnfēng, 즐거운 여행 되세요)', '**祝你健康**(zhù nǐ jiànkāng, 건강하시기 바래요)'

문형연습

时候 shíhou 때, 시기	结婚 jiéhūn 결혼하다
回 huí 되돌아(오다, 가다)	请假 qǐngjià 휴가를 신청하다
考试 kǎoshì 시험보다	离开 líkāi 떠나다
电话 diànhuà 전화	
时间 shíjiān 시간	

01 When are you coming back?

당신은 언제 돌아옵니까? **你什么时候回来**?

당신은 언제 시험봅니까? **你什么时候考试**?

당신은 언제 전화를 겁니까? **你什么时候打电话**?

당신은 언제 시간이 있나요? **你什么时候有时间**?

02 When is he getting married?

그는 언제 결혼하나요? **他什么时候结婚**?

그는 언제 휴가를 신청합니까? **他什么时候请假**?

그는 언제 떠납니까? **他什么时候离开**?

한자 쓰기

배운 한자 중에서 HSK 필수한자를 연습해 보자.

한자	뜻
号 号	일
生日 生日	생일
月 月	월
就 就	바로, 곧
快乐 快乐	즐겁다
时候 时候	때, 시기
回 回	돌아오다
考试 考试	시험보다
电话 电话	전화
时间 时间	시간
结婚 结婚	결혼하다
离开 离开	떠나다

8.3 단어

01. **还** hái 아직, 여전히

02. **没有** méiyǒu 과거 부정을 나타낼 때

03. **开始** kāishǐ 시작하다

04. **手表** shǒubiǎo 손목시계

05. **慢** màn 느리다

06. **分钟** fēnzhōng 시간 등을 세는 단위

과와 관련된 사진을 붙이거나 그림을 그려보세요.

회화

A 电影还没有开始吧? 几点了?

diànyǐng hái méiyǒu kāishǐ ba? jǐ diǎn le?

The movie hasn't started yet, has it? What time is it?

B 十点了。

shí diǎn le.

It's ten o'clock.

A 不对。

bú duì.

It is wrong.

(핸드폰을 보며)

现在十点十分。你的手表慢了十分钟。

xiànzài shí diǎn shí fēn. Nǐ de shǒubiǎo màn le shí fēnzhōng.

It's 10:10. Your watch is ten minutes late.

표현설명(문법)

01 电影还没开始吧

'**没(有)**'는 과거의 경험, 행위, 사실 따위를 부정할 때 서술어 앞에 쓰여 부사어가 된다.

[예] 开始了 kāishǐ le(시작되었다)/ 没(有)开始 (méi)yǒu kāishǐ(시작되지 않았다)

02 几点了

여기서 '**了**'는 상황의 변화를 나타낸다. '**几点**'이라고 물으면 '몇 시인가'를 물어보는 것이고, '**几点了**'라고 물으면 '몇시나 되었나요?' 의미가 된다.

03 慢了十分钟

'**分**'은 시점을 나타내지만, 뒤에 '**钟**'을 붙이면 시간의 양을 나타낸다. '**十分钟**'은 동작이나 상태가 그 시간 동안 진행되었다는 것을 보충 설명하는 것으로써 보어 중에서 시량보어에 해당한다.

시량이란 시간의 양이라는 의미로서, 동작 혹은 상황이 진행된 구간을 말한다. '서술어+보어' 어순에 주의하자. 또한 한국어로 번역했을 때는 흔히 부사어로 번역되므로 어순에 주의한다.

[예] 십 분(동안) 느려졌다. (십 분 느리다)

문형연습

手机 shǒujī 핸드폰	**才** cái ~에야 비로소
前边 qiánbiān 앞쪽	**总是** zǒngshì 늘, 줄곧
后边 hòu·biān 뒤쪽	**最近** zuìjìn 최근
左边 zuǒbiān 왼쪽	
右边 yòubiān 오른쪽	
旁边 pángbiān 옆쪽	

01 Where's your cell phone?

핸드폰은 어디 있나요?	手机在哪儿?
앞(뒤/왼쪽/오른쪽/옆)쪽에 있어요.	在前(后/左/右/旁)边。

02 He doesn't get up until nine

그는 아홉 시가 되어서야 기상한다.	他九点才起床。
그는 늘 매우 느리다.	他总是很慢。
그는 최근에는 문제가 없다.	他最近没问题。

한자 쓰기

배운 한자 중에서 HSK 필수한자를 연습해 보자.

还	还		
아직, 여전히/			

没	有	没	有
~하지 않았다			

开	始	开	始
시작하다			

手	表	手	表
손목시계			

慢	慢		
느리다			

手	机	手	机
핸드폰			

旁	边	旁	边
옆쪽			

才	才		
~에야 비로소			

总	是	总	是
늘, 줄곧			

最	近	最	近
최근			

의사소통을 위한 지식

Q. 중국의 음식점들은 몇 시 정도에 영업을 종료할까요? 늦게 술을 마실려면 어떻게 해야 하나요?

중국에서는 오후 8~9시 전후에는 음식점들이 영업을 종료한다. 중국 사람들은 흔히 저녁밥을 먹으면서 술을 같이 마시고, 2차 문화가 별로 없다. 그러므로 시내가 아니고서는 9시 이후로 술집에 가기가 쉽지 않으며, 버스도 10시 전후로 종료되기도 한다. 이럴 때는 주변에 양꼬치 집에 가면 된다.

Q. 한국에는 중국인(조선족)들이 운영하는 양꼬치집이 많은데요. 양꼬치 이외의 음식들은 어느 지역 음식인가요?

한국에 있는 중국인의 경우는 크게 화교와 조선족 두 가지 계열로 나뉜다. 화교의 경우 임오군란(1882년) 전후에 산동성 사람들이 인천에 와서 정착하였으며, 이후 중화민국(대만)과 많은 교류를 해왔다. 산동요리가 한국 사람들의 입맛에 맞게 바뀐 것이 현재의 중화요리라고 할 수 있다.

조선족의 경우 92년 한중 수교 전후에 한국에 많이 들어와서 한국 전역에 분포하여 살고 있다. 조선족은 중국북방요리(연변음식 포함)를 한국식으로 변형한 음식점을 경영하고 있는데 양꼬치집이 대표적이다.

✓ **실천과 활용**

자신의 살고 있는 지역의 양꼬치 식당에 가서 칭다오 맥주와 함께 양꼬치를 먹어 보고 느낌을 친구들과 얘기해 봅니다.

복습하기

Quiz

01. 친구와 한 조를 이룬다.
02. 한 명은 다음 단어를 한국어로 불러주고, 다른 한 명은 중국어로 대답한다.
03. 역할을 바꾸어 진행하고 피드백을 해준다.

8.1

- 분
- 현재
- 기다리다
- 횟수를 세는 단위
- 빠르다
- 준비하다
- 위, 다니다
- 반, 근무
- 오늘
- 주, 주일
- 기상하다
- 이를 닦다
- 목욕하다
- 잠자다
- 씻다
- 수업

8.2

- 일
- 생일
- 월
- 바로, 곧
- 즐겁다
- 때, 시기
- 돌아오다
- 시험보다
- 전화
- 시간
- 결혼하다
- 떠나다
- 휴가를 신청하다

8.3

- 월, 달
- 아직, 여전히
- 시작하다
- 최근
- 손목시계
- 느리다
- 핸드폰
- 옆쪽
- ~에야 비로소
- 늘, 줄곧
- ~하지 않았다

CLASS 09

이것은 얼마예요

학습목표

- ✓ 물건 가격을 물을 수 있다.
- ✓ 가격 흥정 표현을 익힌다.
- ✓ 명량보어의 의미를 이해한다.

구성단위

본문 내용과 관련된 구성단위를 배워보자.

9.1

- **七月** qī yuè 7월
- **九月** jiǔ yuè 9월
- **十一月** shí yī yuè 11월
- **八月** bā yuè 8월
- **十月** shí yuè 10월
- **十二月** shí èr yuè 12월

9.2

- **一块** yí kuài 1위엔
- **三块** sān kuài 3위엔
- **二十块** èr shí kuài 20위엔
- **两块** liǎng kuài 2위엔
- **十块** shí kuài 10위엔

9.3

- **一百块** yì bǎi kuài 1백 위엔
- **三百块** sān bǎi kuài 3백 위엔
- **两百块** liǎng bǎi kuài 2백 위엔

9.1 단어

01. **多少** duōshao 얼마

02. **钱** qián 돈

03. **块** kuài 돈의 단위(구어)

04. **白色** báisè 흰색

05. **现在** Xiànzài 현재, 지금

06. **没有** méiyǒu 없다, 가지고 있지 않다

07. **明天** míngtiān 내일

08. **给** gěi 동작 대상을 나타내는 전치사(~에게)

09. **打** dǎ 걸다

10. **电话** diànhuà 전화

11. **一共** yígòng 합해서, 다해서

과와 관련된 사진을 붙이거나 그림을 그려보세요.

회화

A 这个多少钱?

Zhè ge duōshao qián?

How much is it?

B 一百块。

Yì bǎi kuài.

One hundred.

A 有白色的吗?

Yǒu báisè de ma?

Do you have any white clothes?

B 现在没有，明天有。

Xiànzài méiyǒu, míngtiān yǒu.

I don't have it today. Tomorrow, that will come.

A 明天你给我打电话，好吗?

Míngtiān nǐ gěi wǒ dǎ diànhuà, hǎo ma?

Please call me tomorrow, ok?

今天买这个、这个，一共多少钱?

Jīntiān mǎi zhè ge, zhè ge, yígòng duōshao qián?

Today I buy this, and that one, How much are they altogether?

표현설명(문법)

01 这个多少钱?

'**多少**'는 의문대명사로서 보통 10이상의 숫자를 예상하고 묻는 경우에 쓰인다. 전화번호나 방 번호 등을 물을 때도 '**多少**'를 쓴다.

- **你们一共有多少个人**? Nǐmen yígòng yǒu duōshao ge rén?
- **你的电话号码**[1] **是多少**? Nǐ de diànhuà hàomǎ shì duōshao?
- **你的房间号码是多少**? Nǐ de fángjiān hàomǎ shì duōshao?

02 一百块

중국에서 백단위 이상일 때는 앞에 '**一**'를 붙인다. 예를 들면, '**一百**(yì bǎi), **一千**(yì qiān), **一万**(yí wàn)' 같은 경우이다. 중국의 돈 단위는 구어체일 때는 '**块**'이다. 문어체일 때는 '**元**(yuán)'이라고 말한다.

- **块 毛 分** kuài máo fēn (구어체 단위)
  - 7.60 qī kuài liù (máo)
  - 2.16 liǎng kuài yì máo liù (fēn)
  - 13.07 shí sān kuài líng qī (fēn)
- **元 角 分** yuán jiǎo fēn (문어체 단위)

1 새단어 **号码** hàomǎ 번호

03 明天你给我打电话

‘**打电话**’는 ‘전화를 걸다’의 의미이다. 전화 거는 대상을 나타낼 때에는 전치사 ‘**给**’를 쓰고 뒤에는 명사성구가 온다. 이러한 전치사구는 서술어 앞에 위치하여 부사어가 된다. 또 ‘**给**’는 수혜의 의미도 있어서 ‘~에게 ~해주다’라는 의미도 가진다. 중국의 핸드폰 번호는 일반적으로 13*등으로 시작한다. 이때 ‘1’는 ‘yāo’로 읽어야 한다.

04 好吗?

상대에게 제안을 하고 나서, 수긍 여부를 물어볼 때, ‘**好吗**?’라고 묻는다.

문형연습

衬衫 chènshān 셔츠, 블라우스	昨天 zuótiān 어제
裤子 kùzi 바지	下 xià 내리다
裙子 qúnzi 치마	雨 yǔ 비
饭 fàn 밥, 식사	雪 xuě 눈

01 Do you have a white shirt in this store?

이 셔츠, 하얀색이 있나요? **这件衬衫，有白色的吗?**

이 바지, 하얀색이 있나요? **这件裤子，有白色的吗?**

이 치마, 하얀색이 있나요? **这件裙子，有白色的吗?**

02 He went back home

그는 집으로 돌아갔다. **他回家了。**

나는 밥을 먹었다. **我吃饭了。**

어제 비가 내렸다. **昨天下雨了。**

어제 눈이 내렸다. **昨天下雪了。**

03 He didn't go back home

집으로 돌아가지 않았다. **没回家。**

밥을 먹지 않았다. **没吃饭。**

비가 내리지 않았다. **没下雨。**

눈이 내리지 않았다. **没下雪。**

한자 쓰기

배운 한자 중에서 HSK 필수한자를 연습해 보자.

한자	따라 쓰기	뜻
多少	多少	얼마
一共	一共	합해서, 다해서
钱	钱	돈
块	块	돈의 단위(구어)
明天	明天	내일
给	给	동작 대상을 나타내는 전치사(~에게)
现在	现在	현재, 지금
衬衫	衬衫	셔츠, 블라우스
裤子	裤子	바지
裙子	裙子	치마
昨天	昨天	어제
下	下	내리다
雨	雨	비
雪	雪	눈

9.2 단어

01. 斤 jīn 근(무게의 단위)

02. 太 tài 너무

03. 贵 guì 비싸다

04. 便宜 piányi 싸다

05. 一点儿 (yì)diǎnr 조금, 좀

06. 新鲜 xīnxian 신선하다

과와 관련된 사진을 붙이거나 그림을 그려보세요.

회화

A 一斤多少钱?

Yì jīn duōshao qián?

How much is it per kilogram?

B 十五块。

Shí wǔ kuài.

15.

A 太贵了，便宜(一)点儿

Tài guì le, Piányi (yì) diǎnr.

It's too expensive. Please make it a little cheaper.

十二块，怎么样?

Shí èr kuài, zěnmeyàng?

12, How about that?

B 不贵，这个很新鲜。

bú guì. zhè·ge hěn xīnxian.

It's not expensive at all, This is very fresh.

표현설명(문법)

01 一斤多少钱

중국에서는 과일 등을 살 때 개수로 팔지 않고 무게 단위로 판매한다. 중국에서 '**一斤**'은 대략 500g 전후이다. 한국에서 하던 식으로 '**一个多少钱**(한 개 얼마예요)?'이라고 물으면 중국 사정을 모른다고 생각하는 상인들 중에는 바가지를 씌울 수도 있다.

02 太贵了

'**太…了**'는 관용적인 형식으로 '너무 ~하다'는 의미를 가진다.

03 便宜点儿

'**(一)点儿**'은 불확정적인 수량을 나타낸다. 서술어 뒤에 위치하여 길이, 높이, 크기, 많고 적음, 값 등의 일정한 수량을 보충 설명하는 성분을 수량보어 혹은 명량보어라고 말한다. 명량은 명량사(명사성 성분으로 이루어진 양사로서 동량사와 구분해야 함)가 쓰였다는 의미이다. 한국말과 어순이 완전히 달라지므로 주의한다.

문형연습

哥哥 gēge 오빠, 형	儿子 érzi 아들
弟弟 dìdi 남동생	玩 wán(r) 놀다, 가지고 놀다
咖啡 kāfēi 커피	电脑 diànnǎo 컴퓨터
妹妹 mèimei 여동생	孩子 háizi 아이
	游戏 yóuxì 장난치다 , 게임

01 My brother likes to watch movies

형은 영화보는 것을 좋아한다. **哥哥喜欢看电影。**

남동생은 커피 마시기를 좋아하다. **弟弟喜欢喝咖啡。**

여동생은 과일 먹기를 좋아하다. **妹妹喜欢吃水果。**

05 My son likes to play with computers

아들은 컴퓨터 가지고 놀기를 좋아하다. **儿子喜欢玩电脑。**

아이는 게임하는 것을 좋아한다. **孩子喜欢玩游戏。**

한자 쓰기

배운 한자 중에서 HSK 필수한자를 연습해 보자.

太 太	너무
贵 贵	비싸다
便宜 便宜	싸다
新鲜 新鲜	신선하다
哥哥 哥哥	오빠, 형
弟弟 弟弟	남동생
妹妹 妹妹	여동생
水果 水果	과일
儿子 儿子	아들
玩 玩	놀다
电脑 电脑	컴퓨터
孩子 孩子	아이
游戏 游戏	장난치다, 게임
咖啡 咖啡	커피
一点儿 一点儿	조금, 좀

9.3 단어

01. **喂** wéi 여보세요

02. **已经** yǐjīng 이미

03. **从** cóng 출발점 혹은 경유를 나타내는 전치사(~에서, ~으로)

04. **商店** shāngdiàn 상점

05. **出** chū 나오다

06. **看见** kànjiàn 보다, 보이다

07. **知道** zhīdào 알다

과와 관련된 사진을 붙이거나 그림을 그려보세요.

회화

A 喂，我已经从商店出来了！

Wéi, wǒ yǐjīng cóng shāngdiàn chūlái le!

Hello, I'm already out of the store.

王一在哪儿呢？你看见他了吗？

Wáng Yī zài nǎr ne? Nǐ kànjiàn tā le ma?

Where is Wang yi? Did you see him?

B 他在下一个商店。

Tā zài xià yí ge shāngdiàn.

He's at the next store.

A 哦！知道了。

ò! zhī·dào le.

Ok, I see.

표현설명(문법)

01 我已经从商店出来了

여기서 전치사 '**从**'은 시간, 공간상의 출발점 혹은 경유를 나타낸다. 전치사 '**从**'은 명사 '**商店**'과 결합하여 전치사구를 이루고 부사어가 되어 서술어를 앞에서 수식한다. '**出来**'에서 '**来**'는 서술어 '**出**'의 뒤에서 그 동작의 방향을 보충 설명해 주는 데 이러한 기능을 하는 것을 방향보어라고 한다. 이때, 동작이 화자에게 가까워지면 '**来**'를, 멀어지면 '**去**'를 붙여 준다.

02 王一在哪儿呢?

여기서 **在**는 사람, 사물이 어느 장소에 존재한다는 것을 알려준다. 그러므로, 어순은 "사람/사물+**在**+장소"이다. '**哪儿**'은 의문대명사로서, 서술어 **在** 뒤에 동작 대상이 미치는 장소를 나타내는 목적어로 왔다. 한국어로 번역하면 '어디에 있습니까?'가 되어서 목적어처럼 보이지 않는다는데 주의한다.

03 你看见他了吗?

서술어 '**看**' 뒤에 인식되었음을 보충 설명 해주는 '**见**'이 쓰였다. '**见**' 과 같이 서술어 뒤에 쓰여 동작의 결과가 어떻게 됐는지 보충 설명해 주는 성분을 결과보어라고 한다. '**看**'은 그냥 보는 동작만을 의미하는 데 비해, '**看见**'은 보는 동작의 결과로서 인식했다는 것을 나타낸다. 결과보어는 원래 자신의 의미를 가지는 부류(예: 听懂)와 허화되어 문법적인 역할을 하는 경우로 나뉜다. '**见**'은 후자에 해당한다. 부정할 때에는 앞에 '**没有**'를 붙인다. [예] 没看见。

문형연습

多 duō 많이	耳朵 ěrduo 귀
一点儿 (yi)diǎnr 조금, 좀	脚 jiǎo 발
	好 hǎo 좋아지다

01 Help your self

당신 많이 드세요.	你多吃吧。
당신 많이 마시세요.	你多喝吧。
당신 많이 말하세요.	你多听吧。

02 slower, please

좀 느리게요!	慢一点儿!
좀 빠르게요!	快一点儿!

03 It's getting better

좀 좋아졌다.	好点儿了。
당신의 귀는 좀 좋아졌나요?	你的耳朵好点儿了吗?
당신의 발은 좀 좋아졌나요?	你的脚好点儿了吗?
그의 몸은 좀 좋아졌나요?	他的身体好点儿了吗?

한자 쓰기

배운 한자 중에서 HSK 필수한자를 연습해 보자.

喂	喂		
여보세요			

已	经	已	经
이미			

从	从		
출발점을 나타내는 단어(~에서)			

出	出		
나오다			

知	道	知	道
알다			

耳	朵	耳	朵
귀			

脚	脚		
발			

身	体	身	体
몸, 신체			

好	好		
좋아지다			

看	见	看	见
보다, 보이다			

의사소통을 위한 지식

Q. 중국에서 과일 살 때 '한 개 얼마예요?'라고 물으면 안돼요.

왜냐하면 중국에서는 과일을 개수 단위로 팔지 않고, 무게 단위로 팔기 때문이다. 즉, "한 근에 얼마예요?"라고 물어야 된다. 과일 뿐만 아니라 채소, 어패류 등도 일반적으로 무게를 달아 팔기 때문에 마트에 갔을 때 주의한다.

Q. 중국에서 흥정방법은 한국과 다를까요?

한국에서는 보통 물건 값의 10% 전후를 흥정한다. 그러나 중국에서는 가게에서 더 세게 불러도 된다. 단, 만약 깎은 가격에 주인이 맞추어 주겠다고 하면 더 깎을 생각을 하지 말고 물건을 사야 한다. 그게 중국의 상도덕이다.
또 내가 원하는 가격에 도달할 때까지 여러 가지 방법([예] 내일 더 산다거나 친구를 데려온다는 말 등)을 동원한다. 안 되면 짐짓 가는 척을 해 본다. 다시 부른다면 흥정의 여지는 아직 남아 있다. 시세를 모르겠다면 주변 상점에서 비슷한 물건의 가격을 비교해 보는 것도 좋은 방법이다.

Q. 중국인과의 전화 통화가 쉽지 않으면 'wechat'를 이용한다.

중국어를 조금 해도 중국인과 전화만으로 통화하는 것은 쉬운 일이 아니다. 이때는 중국인들의 메신저인 'wechat'을 활용한다.

✓ 실천과 활용

자신의 거주지 주변에서 외국인들이 많이 거주하는 지역을 찾아보자. 이 곳에 가서 중국인이 운영하는 식당에 가서 중국 음식을 먹어 보고, 중국인이 운영하는 상점에 가서 물건을 구입하면서 중국적인 분위기를 미리 체험해 본다.

복습하기

Quiz

01. 친구와 한 조를 이룬다.
02. 한 명은 다음 단어를 한국어로 불러주고, 다른 한 명은 중국어로 대답한다.
03. 역할을 바꾸어 진행하고 피드백을 해준다.

9.1

- 얼마
- 돈
- 없다
- 내일
- 합해서
- 셔츠, 블라우스
- 바지
- 치마
- 어제
- 내리다
- 비
- 눈
- 돈의 단위(구어)
- 동작 대상을 나타내는 전치사(~에게)

9.2

- 너무
- 비싸다
- 싸다
- 조금, 좀
- 신선하다
- 오빠, 형
- 남동생
- 여동생
- 과일
- 아들
- 놀다
- 컴퓨터
- 아이
- 장난치다, 게임

9.3

- 여보세요
- 이미
- 나오다
- 알다
- 귀
- 발
- 몸, 신체
- 좋아지다
- 출발점을 나타내는 단어(~에서)

CLASS 10

얼마나 걸리나요

학습목표

- ✓ 경과되는 시간(시량)을 물을 수 있다.
- ✓ 결과보어의 개념을 이해한다.
- ✓ 사역의 표현을 익힌다.

구성단위

본문내용과 관련된 구성단위를 배워보자.

10.1 **分钟** fēnzhōng 분 등을 세는 단위

- **一分钟** yì fēnzhōng 1분 동안
- **两分钟** liǎng fēnzhōng 2분 동안
- **五分钟** wǔ fēnzhōng 5분 동안
- **几分钟** jǐ fēnzhōng 몇 분 동안

10.2 **分钟** fēnzhōng 분 등을 세는 단위

- **十分钟** shí fēnzhōng 10분 동안
- **二十分钟** èr shí fēnzhōng 20분 동안
- **三十分钟** sān shí fēnzhōng 30분 동안

10.3 **小时** xiǎoshí 시간 등을 세는 단위

- **一个小时** yí ge xiǎoshí 한 시간 동안
- **两个小时** liǎng ge xiǎoshí 두 시간 동안
- **几个小时** jǐ ge xiǎoshí 몇 시간 동안

10.1 단어

01. **要** yào 하려고 한다, ~해야 한다

02. **去** qù ~에 가다

03. **这里** zhèlǐ 이 곳

04. **需要** xūyào (시간 따위가) 걸리다, 소요되다

05. **长** cháng 길다

06. **时间** shíjiān 시간

07. **坐** zuò 앉다, 타다

08. **左右** zuǒyòu 쯤, 가량

과와 관련된 사진을 붙이거나 그림을 그려보세요.

회화

A 你好!

Nǐhǎo,

Hi!

我要去这里

Wǒ yào qù zhèlǐ.

I want to go here.

需要多长时间?

Xūyào duō cháng shíjiān?

How long does it take?

B 坐十分钟左右。

Zuò shí fēn zhōng zuǒyòu,

It takes about ten minutes.

十四五块。

shí sì wǔ kuài.

fourteen or fifteen yuan.

표현설명(문법)

01 我要去这里

조동사 '**要**'는 동사 앞에 쓰여서 '의지, 당위' 등을 나타낸다. '**去**' 뒤에 오는 '**这里**'는 동작이 미치는 장소를 나타내므로 중국어에서는 목적어이다.

02 需要多长时间

여기서 '**多长时间**'은 한국어로 '얼마나 걸리나요/소요되나요?'로 번역되어 부사어처럼 느껴질 수 있다. 그러나 중국어에서는 '**多长时间**'의 경우 서술어 '**需要**'의 대상이 되기 때문에 목적어가 된다.

03 坐十分钟左右

'**分**'은 시점을 나타내지만, 뒤에 '**钟**'을 붙이면 시간의 양을 나타낸다. '**十分钟**'은 서술어 뒤에 와서 동작(坐)이 그 시간 동안 진행되었다는 것을 보충 설명하는 시량보어이다. '서술어+보어' 어순에 주의하자. 시량보어는 한국어로 번역할 때 흔히 부사어 형식으로 번역되기 때문에 주의한다. '**左右**'의 경우 시간 뒤에 쓰여 어림수를 나타낸다.

04 十四五块

'**十四块**'와 '**十五块**'을 줄여 말하는 형식이다. 중국어에서는 이와 같이 숫자를 연달아 나열하면 대략의 의미를 가진다.

문형연습

宾馆 bīnguǎn 호텔	**唱** chàng (노래 따위를) 부르다
火车站 huǒchēzhàn 기차역	**得** de 구조를 만들어 주는 조사
机场 jīchǎng 공항	**非常** fēicháng 아주, 대단히
	太 tài 너무 ~하다
	不太 bú tài 그다지 ~하지 않다

01 I'm going to the hotel

나는 호텔에 가려고 한다. 我要去宾馆。

나는 기차역에 가려고 한다. 我要去火车站。

나는 공항에 가려고 한다. 我要去机场。

02 Is she good at singing?

그(녀)는 부르는 것이 어떠하냐? 他(她)唱得怎么样?

그(녀)는 부르는 것이 매우 좋다. 他(她)唱得很好。

그(녀)는 부르는 것이 대단히 좋다. 他(她)唱得非常好。

그(녀)는 부르는 것이 안 좋다. 他(她)唱得不好。

그(녀)는 부르는 것이 그다지 좋지 않다. 他(她)唱得不太好。

한자 쓰기

배운 한자 중에서 HSK 필수한자를 연습해 보자.

要	要		
~하려고 하다, ~해야 한다			

需	要	需	要
소요되다			

长	长		
길다			

左	右	左	右
즈음			

宾	馆	宾	馆
호텔			

机	场	机	场
공항			

唱	唱		
(노래 등을) 부르다			

得	得		
구조를 만들어 주는 조사			

非	常	非	常
아주			

太	太		
너무			

火	车	站	火	车	站			
기차역								

10.2 단어

01. **附近** fùjìn 부근

02. **美食店** měishí diàn 맛집

03. **往** wǎng 방향을 나타내는 전치사(~향해)

04. **前** qián 앞

05. **走** zǒu 가다, 떠나다

06. **离** lí 기준을 나타내는 전치사(~으로부터)

07. **远** yuǎn 멀다

08. **近** jìn 가깝다

09. **米** mǐ 미터

10. **到** dào 도착점을 나타내는 전치사(~까지), 도착하다

11. **听** tīng 듣다

12. **懂** dǒng 이해하다

과와 관련된 사진을 붙이거나 그림을 그려보세요.

회화

A 附近有美食店吗? 在哪儿?

Fùjìn yǒu měishí diàn ma? zài nǎr?

Excuse, Is there a good restaurant nearby? Where is it?

B 往前走。

wǎng qián zǒu.

Go straight.

A 离这儿远吗?

Lí zhèr yuǎn ma?

Is it far from here?

B 很近。三百米到四百米。

Hěn jìn. Sān bǎi mǐ dào sì bǎi mǐ.

It's very close. three hundred meters or four hundred meters.

听懂了吗?

Tīng dǒng le ma?

Do you understand?

표현설명(문법)

01 附近有美食店吗?

'장소+**有**+사람/사물'의 구조를 가진다. 이 때 '**美食店**'은 화자가 있는지 없는지 모르는 상태(신정보)이기 때문에 뒤에 위치한다. 만약 '**美食店**'이 있는 것을 쌍방이 인지한 상태(구정보)라면 그 장소가 어디인지 알고 싶을 때는 '**美食店在哪儿**'이라고 묻는다.

02 往前走。

'**往**'은 동작의 전개 방향을 나타내는 전치사이다. 전치사 '**向**(xiàng)'도 비슷한 역할을 한다. 중국에서는 길을 알려줄 때 방위(东南西北, dōng nán xī běi)로 알려주는 경우도 흔하다. '동쪽으로 가세요'는 '**往东走**'라고 말한다.

03 离这儿远吗?

전치사 '**离**'는 기준을 나타낸다. 즉 '목적지는 여기를 기준으로 멉니까?'라는 의미이다.

04 三百米到四百米

'**到**'는 도착점을 나타내는 전치사이다. 시작점을 나타내는 전치사 '**从**(cóng)'과 잘 호응하여 쓰인다.

05 听懂了吗

여기서 '**懂**'은 서술어 '**听**'뒤에 쓰여서 동작(听)의 결과로서 이해하게 되었다는 것을 나타내는 결과보어이다. 긍정 대답은 '**听懂了**', 부정의 대답은 '**没听懂**'이라고 한다.

문형연습

公司 gōngsī 회사	**女儿** nǚ'ér 딸
前面 qiánmiàn 앞(전)면	**后面** hòumiàn 뒤(후)면

01 The company is in front of the hospital

병원 전면 **医院前面**

엄마 뒷면 **妈妈后面**

회사는 병원 전면에 있다. **公司在医院前面。**

딸은 엄마 후면에 있다. **女儿在妈妈后面。**

02 I saw it and understood it

보아서 이해했다. **看懂了。**

들어서 이해했다. **听懂了。**

봐서 이해하지 못하였다. **没看懂。**

들어서 이해하지 못하였다. **没听懂。**

한자 쓰기

배운 한자 중에서 HSK 필수한자를 연습해 보자.

附	近	附	近
부근			

往	往		
~향해서(방향)			

离	离		
~으로부터(기준)			

公	司	公	司
회사			

走	走		
가다, 떠나다			

远	远		
멀다			

近	近		
가깝다			

米	米		
미터			

到	到		
~까지(도착점)			

懂	懂		
이해하다			

前	面	前	面
전면			

女	儿	女	儿
딸			

10.3 단어

01. **飞机** fēijī 비행기

02. **回** huí 돌아가다(오다)

03. **想** xiǎng ~하고 싶다

04. **为什么** wèishénme 왜

05. **因为** yīnwèi 원인을 나타내는 접속사(왜냐하면)

06. **票** Piào 표

07. **让** ràng 시키다, 양보하다

08. **真** zhēn 정말

과와 관련된 사진을 붙이거나 그림을 그려보세요.

회화

A　这次，你要坐飞机回家吗？

Zhè cì, nǐ yào zuò fēijī huíjiā ma?

Are you going home by plane this time?

B　我不想坐飞机。

Wǒ bù xiǎng zuò fēijī.

I don't want to go by plane.

A　为什么？

Wèishénme?

Why?

B　因为飞机票太贵。

Yīnwèi fēijī Piào tài guì.

Because, The plane ticket is too expensive.

A　我让你坐飞机。

Wǒ ràng nǐ zuò fēijī.

I'll let you go by plane.

B　真的吗？

Zhēn de ma?

Oh, Really?

표현설명(문법)

01 我不想坐飞机

여기서 '**想**'은 조동사로 쓰여 바람을 나타낸다.

02 因为飞机票太贵

접속사 '**因为**'는 복문에 쓰여서 원인을 나타낸다. 자주 결과를 나타내는 접속사 '**所以**(suǒyǐ)'와 호응되어 사용된다.

03 我让你坐飞机

동사 '**让**'은 사역 의미를 갖는 경우가 있다. 뒤에 목적어 '**你**'가 온다. 그런데 '**你**'는 '**坐飞机**(서술구)'의 동작 주체 즉 주어가 된다. 그러므로 '**你**'는 서술어 '**让**'의 목적어 역할과 함께 서술구의 주어 역할을 겸하게 된다. 중국어에서는 이 문장에서 '**你**'처럼 두 역할을 겸하는 것을 '겸어'라고 하고 이러한 문장을 겸어문이라고 한다. 일반적으로 사역문 등에 많이 쓰이는 형식이다. 여기서 동사 '**让**'은 '**叫**'로 대체될 수 있다.

문형연습

刚才 gāngcái 방금 전	**鱼** yú 생선
上网 shàngwǎng 인터넷에 접속하다	**完** wán 끝나다, 완결되다
发现 fāxiàn 발견하다, 알게 되다	**牛奶** niúnǎi 우유
起飞 qǐfēi 이륙하다	**报纸** bàozhǐ 신문

01 I just logged on to the Internet

나는 방금 전 가서 인터넷에 접속했다. **我刚才去上网。**

나는 비행기가 3시에 이륙하는 것을 발견하다. **我发现飞机三点起飞。**

02 Have you done with this fish(Have you finished)?

이 생선, 다 먹었나요? **这个鱼，吃完了吗？**

우유, 다 마셨나요? **牛奶，喝完了吗？**

신문, 다 보았나요? **报纸，看完了吗？**

03 I haven't finished

다 먹지 않았다. **没吃完。**

다 마시지 않았다. **没喝完。**

다 보지 않았다. **没看完。**

한자 쓰기

배운 한자 중에서 HSK 필수한자를 연습해 보자.

小时	시간을 세는 단위
想	~하고 싶다
因为	왜냐하면 ~이기 때문이다
票	표
让	시키다
真	정말
刚才	방금 전
上网	인터넷에 접속하다
发现	발견하다
起飞	이륙하다
鱼	생선
完	완결되다
牛奶	우유
报纸	신문
为什么	왜

의사소통을 위한 지식

Q. 중국에서 기차 탈 때 주의할 점은?

중국에서는 인터넷으로 표를 예매했더라도, 역에서 표를 수령할 때에는 예매번호와 함께 신분증을 제시해야 한다. 또한 대합실에 들어갈 때도 짐 검사와 함께 신분증을 제시해야 한다. 개찰구는 기차 출발 10분 전에 닫히기 때문에 미리 주변에 대기해야 한다.

Q. 중국에서 식당을 이용할 때 주의할 점은?

중국 식당은 크게 일반적인 식당(후불제 계산)과 패스트푸드형(선불제 계산) 형태로 나눌 수 있다. 일반적인 식당에서는 보통 종업원이 메뉴판을 들고 와서 주문을 받고, 계산도 식탁에서 진행된다. 대기가 있는 식당에서는 핸드폰 번호 등을 입력해서 대기표를 받기도 한다. 패스트푸드형(선불제 계산)은 입구의 계산대 앞에서 주문하고 계산한다. 테이크아웃 여부를 알려준다.

✓ 실천과 활용

친구와 중국에 갔을 때 어느 호텔에 묵을지 검색해 본다. 첫 여행지는 가급적 남쪽에 있는 상해 등 대도시를 추천한다. 남쪽은 북쪽 사람에 비해 상냥한 편이며, 대도시는 한국과 비슷하게 발전되어 있기 때문이다. 구글 지도를 이용해 공항에서 호텔 가는 방법을 숙지한다.

혹은 중국인이 잘 이용하는 'GAODE' 네비게이션앱을 다운받는다. 'gaode'앱을 이용해 호텔에서 공항 가는 법을 검색한다. 구글 지도와 어떤 점이 다른지 비교해 본다.

복습하기

Quiz

01. 친구와 한 조를 이룬다.
02. 한 명은 다음 단어를 한국어로 불러주고, 다른 한 명은 중국어로 대답한다.
03. 역할을 바꾸어 진행하고 피드백을 해준다.

10.1

- 가다
- 소요되다
- 길다
- 쯤
- 호텔
- 기차역
- 공항
- 아주
- ~하려고 하다, ~해야 한다
- 너무
- (노래 등을) 부르다
- 구조를 만들어 주는 조사

10.2

- 부근
- ~향해서(방향)
- 회사
- 멀다
- 가깝다
- 미터
- 이해하다
- 전면
- 딸
- ~까지(도착점)
- ~으로부터(기준)

10.3

- ~하고 싶다
- 왜
- 표
- 시키다
- 정말
- 방금 전
- 발견하다
- 이륙하다
- 생선
- 완결되다
- 우유
- 신문
- 인터넷에 들어가다
- 시간을 세는 단위
- 왜냐하면 ~이기 때문이다

CLASS 11

이거 하나 주문할게요

학습목표

✓ 식당에서 주문할 수 있다.

✓ 테이크아웃 표현을 말할 수 있다.

✓ 상황이 임박한 것을 표현할 수 있다.

구성단위

본문 내용과 관련된 구성단위를 배워보자.

11.1 天 tiān 날을 세는 단위

- 一天 yì tiān 하루 동안
- 两天 liǎng tiān 이틀 동안
- 几天 jǐ tiān 며칠 동안
- 住 zhù 살다, 머무르다
- 住几天 zhù jǐ tiān 며칠 동안 머무릅니까?

11.2 星期 xīngqī 주를 세는 단위

- 一个星期 yí ge xīngqī 한 주 동안
- 两个星期 liǎng ge xīngqī 두 주 동안
- 几个星期 jǐ ge xīngqī 몇 주 동안
- 住几个星期 zhù jǐ ge xīngqī 몇 주 동안 머무릅니까?

11.3 月 yuè 달을 세는 단위

- 一个月 yí ge yuè 한 달 동안
- 两个月 liǎng ge yuè 두 달 동안
- 几个月 jǐ ge yuè 몇 달 동안
- 住几个月 zhù jǐ ge yuè 몇 달 동안 머무릅니까?

11.1 단어

01. **服务员** fúwùyuán 종업원

02. **来** Lái 오다, 주문하다, 나오다

03. **还有** Háiyǒu 연결기능의 접속사(그리고, 또한)

04. **碗** Wǎn 그릇을 세는 단위

05. **米饭** Mǐfàn 쌀밥

06. **怎么** zěnme 어째서, 어떻게

과와 관련된 사진을 붙이거나 그림을 그려보세요.

회화

(메뉴판을 가리키며)

A 服务员，来一个这个，还有，这个。

Fúwùyuán! Lái yíge zhè ge, háiyǒu, zhè ge.

Waiter, I'll have this one and that one.

B 来一碗米饭。

Lái yì wǎn mǐfàn.

I'd like to have a bowl of rice.

A 服务员！我们的米饭怎么还没来？

Fúwùyuán! Wǒmen de mǐfàn zěnme háiméi lái?

Waiter, The food I ordered hasn't come out yet.

C 请等一下，我去看看。

Qǐng děng yíxià. Wǒ qù kàn kan.

Please give a second. I'll go and find out.

표현설명(문법)

01 来一个这个

여기서 **来**'는 '오다'라는 의미 외에 다른 의미로 쓰인다. 특히 음식점 등에서 '**来**'를 쓰면 '주문하다'는 의미를 내포하게 된다.

02 来一碗米饭

밥그릇을 셀 때는 '**碗**'이라는 양사를 쓴다.

03 怎么

의문대명사 '**怎么**'는 이유(어째서), 방식(어떻게) 등을 묻을 때 쓴다.

04 看看

동사를 중첩시키면 시도, 순간의 느낌을 나타낸다. 중간에 '**一**'를 집어 넣기도 한다.

[예] 看一看

문형연습

爱好 àihào 취미	会 huì (배워서) ~할 줄 안다
聊天 liáotiān 잡담하다	骑车 qí (자전거, 오토바이 등을) 타다
画画(儿) huà huà(r) 그림을 그리다	开 kāi 열다, 운전하다
打扫 dǎsǎo 청소하다	说 shuō 말하다
	游泳 yóuyǒng 수영하다

01 My hobby is chatting

나의 취미는 수다떨기이다. 我的爱好是聊天。

나의 취미는 그림 그리기이다. 我的爱好是画画(儿)。

나의 취미는 청소이다. 我的爱好是打扫。

02 I can ride a bicycle

나는 자전거를 탈 줄 안다. 我会骑车。

나는 차를 운전할 줄 안다. 我会开车。

그(녀)는 수영할 줄 안다. 他(她)会游泳。

그(녀)는 중국어를 말할 줄 안다. 他(她)会说汉语。

03 I can't ride a bicycle

나는 자전거를 탈 줄 모른다. 我不会骑车。

나는 차를 운전할 줄 모른다. 我不会开车。

그(녀)는 수영할 줄 모른다. 他(她)不会游泳。

그(녀)는 중국어를 말할 줄 모른다. 他(她)不会说汉语。

한자 쓰기

배운 한자 중에서 HSK 필수한자를 연습해 보자.

住	住		
살다, 머무르다			

碗	碗		
그릇 등을 세는 단위			

米	饭	米	饭
쌀밥			

爱	好	爱	好
취미			

聊	天	聊	天
잡담하다			

画	画	画	画
그림을 그리다			

打	扫	打	扫
청소하다			

会	会		
~할 줄 안다			

骑	骑		
(자전거, 오토바이, 말 등을) 타다			

开	开		
열다, 운전하다			

说	说		
말하다			

游	泳	游	泳
수영하다			

服	务	员	服	务	员			
종업원								

11.2 단어

01. **号** hào 번(호)

02. **套餐** tàocān 세트메뉴

03. **还** hái 더, 또

04. **别** bié 다른, 별개의, ~하지 마라

05. **别的** bié de 다른 것

06. **带** dài 휴대하다, 지니다

07. **带走** dàizǒu 가지고 가다

08. **还是** háishi 선택을 나타내는 접속사(아니면)

과와 관련된 사진을 붙이거나 그림을 그려보세요.

회화

A　来两个三号套餐。

Lái liǎng ge sān hào tàocān.

I'd like to have two sets of number three, please.

B　还要别的吗?

Hái yào bié de ma?

Do you want anything else?

A　不要了。

Bú yào le.

No, Thanks.

B　您要带走还是在这里吃?

Nín yào dàizǒu háishi zài zhèlǐ chī?

Would you like to have it here? Or are you going to take out?

표현설명(문법)

01 还要别的吗?

부사 '**还**'는 서술어 앞에 쓰여서 이미 지정된 범위 외에 더 증가하거나 범위가 확대되는 것을 나타낸다. '**别**'는 다른 것을 나타내는 용법 외에, '**不要**(bú yào)'와 함께 금지를 나타내는 명령형에도 쓰인다.

[예] 别吃 먹지 마세요

02 不要了。

문장 끝에 어기조사 '**了**'를 쓰면 어투를 부드럽게 하는 역할을 한다. 또 '**不…了**'는 '이제는 …하지 않기로 한다'는 의미를 지니기도 한다.

03 您要带走还是在这里吃?

접속사 '**还是**'는 선택을 할 때 사용한다. 'A를 원하는가 아니면 B를 원하는가'의 의미로 사용된다.

문형연습

留学 liúxué 유학하다	希望 xīwàng ~하기를 희망하다
旅行 lǚxíng 여행하다	帮助 bāngzhù 돕다
学 xué 배우다	
决定 juédìng 결정하다	
愿意 yuànyì 바라다	

01 go abroad to study

가서 유학하다. 去留学。

가서 일하다. 去工作。

가서 여행한다. 去旅行。

가서 중국어를 배운다. 去学汉语。

02 go to China to study

중국에 가서 유학하다. 去中国留学。

중국에 가서 일하다. 去中国工作。

중국에 가서 여행한다. 去中国旅行。

중국에 가서 중국어를 배운다. 去中国学汉语。

03 I decide to go to China and study

나는 중국에 가서 유학하기로 결정한다. 我决定去中国留学。

나는 중국에 가서 일하기를 바란다. 我愿意去中国工作。

그녀는 내가 중국에 가서 여행하기를 희망한다. 她希望我去中国旅行。

그는 내가 중국에 가서 중국어 배우는 것을 도와준다. 他帮助我去中国学汉语。

한자 쓰기

배운 한자 중에서 HSK 필수한자를 연습해 보자.

한자	따라 쓰기	뜻
号	号	번(호)
套	套	세트
别	别	다른, 별개의
带	带	휴대하다
还是	还是	아니면
留学	留学	유학하다
旅行	旅行	여행하다
决定	决定	결정하다
愿意	愿意	바라다
希望	希望	희망하다
帮助	帮助	돕다
带走	带走	가지고 가다

11.3 단어

01. **晚饭** wǎnfàn 저녁밥

02. **做** zuò 만들다, 하다

03. **好** hǎo 좋다, 좋아지다

04. **一会儿** yíhuìr 잠시 동안

05. **比赛** bǐsài 시합

06. **就~了** jiù~le 가까운 미래를 나타내는 조사(곧 ~하려고 하다)

07. **结束** jiéshù 끝나다

08. **先** xiān 먼저

09. **马上** mǎshàng 곧, 즉시

10. **完** wán 완료되다, 완성되다

과와 관련된 사진을 붙이거나 그림을 그려보세요.

회화

A 晚饭做好了。

Wǎnfàn zuò hǎo le.

Dinner is ready.

B 等一会儿，比赛还有五分钟就结束了。

Děng yíhuìr, bǐsài hái yǒu wǔ fēnzhōng jiù jiéshù le.

Give me five minutes. The game will finish soon.

A 快点儿。

Kuài diǎnr.

Hurry up.

B 你先吃，我马上就看完了。

Nǐ xiān chī. Wǒ Mǎshàng jiù kàn wán le.

You eat first. It has almost finished.

표현설명(문법)

01 晚饭做好了

여기서 '**好**'는 서술어 '**做**' 뒤에 쓰여서 동작의 결과가 순조롭게 잘 끝나는 것을 나타내는 결과보어이다. 한국어로 번역할 때 대응성분으로는 '잘 ~하다, 다 ~하다'이다.

02 等一会儿

수량사 '**一会儿**'이 서술어 '**等**'의 뒤에 와서 시량보어로 쓰였다. 동작이 잠시 동안 진행된다는 의미를 갖는다.

03 比赛还有五分钟就结束了

'**就…了**'는 가까운 미래에 어떤 동작, 상황이 발생한다는 것을 알려주는 형식이다. '**就(要)…了**, **快(要)…了**'형식도 모두 이에 속한다. 상황이 임박했다고 해서 임박태라고도 한다.

04 我马上就看完了

'**完**'은 서술어 '**看**'뒤에 쓰여 동작이 완성되고 종료되는 것을 나타내는 결과보어이다.

문형연습

在 zài 진행을 나타내는 조사 (~하고 있는 중이다)	**正** zhèng 막, 마침
复习 fùxí 복습하다	**正在** zhèngzài 막 ~하고 있는 중이다
上班 shàngbān 출근하다	
做饭 zuò fàn 밥을 짓다	

01 He is reviewing

그(녀)는 복습하는 중이다.	他(她)在复习。
그(녀)는 출근하는 중이다.	他(她)在上班。
나는 밥을 짓는 중이다.	我在做饭。
나는 그를 기다리고 있는 중이다.	我在等他。

02 He is just reviewing

그(녀)는 막 복습하는 중이다.	他(她)正在复习。
그(녀)는 막 출근하는 중이다.	他(她)正在上班。
나는 막 밥을 짓는 중이다.	我正在做饭。
나는 막 그를 기다리고 있는 중이다.	我正在等他。

한자 쓰기

배운 한자 중에서 HSK 필수한자를 연습해 보자.

比	赛	比	赛
시합			

结	束	结	束
끝나다			

先	先		
먼저			

马	上	马	上
바로, 즉시			

在	在		
~하고 있는 중이다			

复	习	复	习
복습하다			

上	班	上	班
출근하다			

正	正		
막, 마침			

一	会	儿	一	会	儿			
잠시 동안								

의사소통을 위한 지식

Q. 중국에 가면 한국 중화요리와는 비교할 수 없을 정도로 기름 범벅인 음식들이 많아서 적응하기 쉽지 않은데요. 특히 볶음면 같은 경우는 너무 기름이 많아서 쉽게 먹기가 어려워요. 왜 중국인들은 음식을 대부분 기름에 볶아 먹을까요?

여러 가지 설이 있다. 우선 중국에 물은 수질이 좋지 않아서 모두 끓여 마셔야 한다. 그러다 보니, 물이 많이 들어가는 탕이나 국을 선호하지 않았다고 한다. 또 중국의 북방에는 먼지가 많다 보니, 씻어도 잘 씻겨 내려가지 않는 경우도 있어서 기름을 많이 사용했다고 한다. 또한 중국은 땅덩이가 넓어 운송에 시간이 많이 걸리므로, 음식재료의 신선도가 떨어지기 쉽기 때문에 그냥 조리해서 먹는 것보다 기름으로 볶아야 하는 때가 많았다고 한다. 또 이런 이유로 중국인들인 워낙 기름기에 노출되어 있다 보니, 기름기가 없는 음식을 먹으면 배가 부르지 않거나 혹은 제대로 식사하지 않은 것 같은 느낌을 받는다고 한다.

✓ 실천과 활용

중국인(한족, 조선족 등)이 운영하는 식당(양꼬치집)을 검색해 본다. 이 곳에 가면 중국 북방 현지음식을 접할 수 있는데, 시켜서 먹어 보고 친구들과 느낌을 나누어 본다.

문법 정리

01 품사

전치사

❶ 동작 대상을 나타낼 때에는 전치사 '**给**'를 쓰고 뒤에는 명사성구가 온다. 이러한 전치사구는 서술어 앞에 위치하여 부사어가 된다.

[예] 你给我打电话

❷ 전치사 '**从**'은 시간, 공간상의 출발점 혹은 경유를 나타낸다. 전치사 '**从**'은 명사구와 결합하여 전치사구를 이루고, 부사어가 되어 서술어를 앞에서 수식한다.

[예] 我从商店出来了。

❸ '**往**'은 동작의 전개 방향을 나타내는 전치사로, '**向**(xiàng)'과 비슷한 역할을 한다.

[예] 往前走。

❹ 전치사 '**离**'는 기준을 나타낸다.

[예] 离这儿远吗?

❺ 전치사 '**到**'는 도착점을 나타낸다.

[예] 三百米到四百米

접속사

❶ 접속사 '**因为**'는 복문에 쓰여서 원인을 나타낸다. 자주 결과를 나타내는 접속사 '**所以**'와 호응되어 사용된다.

[예] 因为飞机票太贵，所以…

❷ 접속사 '**还是**'는 선택을 할 때 사용한다. 'A를 원하는가 아니면 B를 원하는가'의 의미로 사용된다.

[예] 您要带走还是在这里吃?

02 특수문형

존재문

'장소+**有**+사람/사물'의 구조를 가진다.

[예] **附近有美食店吗?**

겸어문

중국어에서는 하나의 성분이 두 가지 역할을 하는 경우가 있는데 이를 겸어라고 하고, 이 겸어가 들어간 문장을 겸어문이라고 한다. 예를 들어 '**我让你坐飞机**'라는 문장에서 '**你**'는 '**让**'의 목적어도 되고, '**坐**'의 주어가 되기도 하는 겸어이며, 이러한 문장을 겸어문이라고 한다. 겸어문은 보통 '**让/叫**' 등의 사역문에 많이 쓰인다.

임박태

'**就…了**'는 가까운 미래에 어떤 동작, 상황이 발생한다는 것을 알려주는 형식이다. '**就(要)…了, 快(要)…了**'형식도 모두 이에 속한다. 상황이 임박했다고 해서 임박태라고도 한다.

[예] **比赛还有五分钟就结束了。**

진행태

在 zài 진행을 나타내는 조사(~하고 있는 중이다)이다. 진행태라고도 한다.

[예] **我在做饭。**

03 문장성분

중국어에서 서술어 뒤에 쓰여 앞 성분을 보충 설명해 주는 것을 보어라고 한다. 보어는 크게 일곱 가지로 나뉘는데, 결과보어, 방향보어, 가능보어, 정도보어, 동량보어, 시량보어, 명량보어 등이다.

결과보어

서술어 뒤에 쓰여 동작의 결과가 어떻게 됐는지 보충 설명해 주는 성분을 결과보어라고 한다. 결과보어는 원래 자신의 의미를 가지는 부류([예] 你听懂了吗?)와 허화되어 문법적인 역할을 하는 경우로 나뉜다.

❶ '**见**'은 서술어 뒤에 쓰여 동작의 결과를 인식했다는 문법의미를 갖는다.

[예] 你看见他了吗?

❷ '**完**'은 서술어 '**看**' 뒤에 쓰여 동작이 완성되고 종료되는 것을 알려준다. 동작의 결과를 알려주는 성분으로 결과보어이다.

[예] 我马上就要看完了。

❸ '**好**'는 서술어 '**做**' 뒤에 결과보어로 쓰여서 동작의 결과가 순조롭게 잘 끝나는 것을 의미한다. 한국어로 번역할 때 대응 성분으로는 '잘 ~하다, 다 ~하다'로 자주 번역된다.

[예] 晚饭做好了。

방향보어

서술어 뒤에서 동작의 방향을 보충 설명해는 성분을 방향보어라고 한다. 동작이 화자에게 가까워지면 '**来**'를, 멀어지면 '**去**'를 쓴다.

[예] 我从商店出来了。

동량보어

동작의 양(횟수)을 나타내는 경우에는 동량보어라고 한다.

[예] 等一下

시량보어

중국어에서 서술어 뒤에 쓰여 동작이나 상태가 그 시간 동안 진행되었다는 것을 보충 설명하는 보어를 시량보어라고 한다. 시량이란 시간의 양이라는 의미로서, 동작이 진행된 구간을 말한다.

[예] 慢了十分钟。

❶ 수량사 '**一会儿**'은 서술어 뒤에 와서 시량보어로 쓰인다. 동작이 잠시 동안 진행된다는 의미를 갖는다.

[예] 等一会儿

수량(명량)보어

중국어에서 서술어 뒤에 위치하여 길이, 높이, 크기, 많고 적음, 값 등의 일정한 수량을 보충 설명하는 성분을 수량(명량)보어라고 한다.

[예] 便宜一点儿。

중국어의 대체적인 어순은 다음과 같다.

[관형어] 주어 + 부사어 + 서술어 + 보어 + [관형어] 목적어

복습하기

Quiz

01. 친구와 한 조를 이룬다.
02. 한 명은 다음 단어를 한국어로 불러주고, 다른 한 명은 중국어로 대답한다.
03. 역할을 바꾸어 진행하고 피드백을 해준다.

11.1

- 살다, 머무르다
- 종업원
- 쌀밥
- 취미
- 잡담하다
- 그림을 그리다
- 청소하다
- 수영하다
- ~할 줄 안다
- 열다, 운전하다
- 그릇 등을 세는 단위
- (자전거, 오토바이, 말 등을) 타다

11.2

- 번(호)
- 세트
- 다른, 별개의
- 휴대하다
- 아니면
- 유학하다
- 여행하다
- 결정하다
- 바라다
- 돕다
- ~하기를 희망하다

11.3

- 잠시 동안
- 시합
- 끝나다
- 먼저
- 바로, 즉시
- 있는 중이다
- 복습하다
- 출근하다
- 막, 마침

CLASS 12

바깥의 날씨는 어떻습니까

학습목표

✓ 날씨는 묻고 비교할 수 있다.

✓ 원인과 결과를 말할 수 있다.

✓ 정도보어의 개념을 이해하고 문형을 안다.

구성단위

본문 내용과 관련된 구성단위를 배워보자.

12.1 **年** nián 년을 세는 단위

- **一年** yì nián 1년 동안
- **两年** liǎng nián 2년 동안
- **几年** jǐ nián 몇 년 동안
- **住几年** zhù jǐ nián 몇 년 동안 머무릅니까?

12.2 **季节** jìjié 계절

- **春天** chūntiān 봄
- **夏天** xiàtiān 여름
- **秋天** qiūtiān 가을
- **冬天** dōngtiān 겨울

12.3

- **晴天** qíngtiān 맑은 날, 맑다
- **阴天** yīntiān 흐린 날, 흐리다
- **早上** zǎo·shang 아침
- **中午** zhōngwǔ 정오
- **晚上** wǎn·shang 저녁

12.1 단어

01. **外边** wàibiān 바깥쪽

02. **天气** tiānqì 날씨

03. **热** rè 덥다

04. **上海** Shànghǎi 상해

05. **夏天** xiàtiān 여름

06. **更** gèng 더, 더욱

07. **极了** 극히, 몹시

과와 관련된 사진을 붙이거나 그림을 그려보세요.

회화

A　外边天气怎么样?

Wàibiān tiānqì zěnmeyàng?

How is the weather outside?

B　很热。

Hěn rè.

It's very hot.

A　上海的夏天怎么样?

Shànghǎi de xiàtiān zěnmeyàng?

How is the weather in summer in Shanghai?

B　上海比这里更热。热及了。

Shànghǎi bǐ zhèlǐ gèng rè. rè jí le.

Shanghai is hotter than here. It's too hot.

표현설명(문법)

01 外边天气怎么样

'外边'은 바깥쪽, **'里边**(lǐbia)'은 안쪽을 의미한다. 그리고 **'上边**(shàngbian)'은 위쪽, **'下边**(xiàbian)'은 아래쪽을 나타낸다. 그런데 맞은편은 일반적으로 **'对面**(duìmiàn)'을 많이 쓴다.

02 很热

계절과 관련된 대표적인 날씨표현은 다음과 같다.
봄은 따뜻하다(暖和, nuǎnhuo), 여름은 덥다(热, rè), 가을은 시원하다(凉快, liángkuai), 겨울은 춥다(冷, lěng).

03 热极了。

'极了'는 부사이지만, 서술어 앞에 오지 않고 일반적으로 서술어 뒤에 와서 정도가 아주 심함을 나타낸다. 여기서 **'极了'**에서는 정도보어 역할을 하는데, 다른 정도보어와 달리 **'得'**를 동반하지 않는다. 일반적으로 정도보어가 쓰인 문장에서는 **'得'**가 동반된다.

[예] 她唱得很好。

문형연습

岁 suì 나이, 살	环境 huánjìng 환경
个子 gèzi 키	习惯 xíguàn 습관이 들다
高 gāo 높다, (키가) 크다	
便宜 piányi 싸다	

01 He is older than me

그는 나보다 (나이가)많다. 他比我大。
이것은 저것보다 싸다. 这个比那个便宜。
그는 키가 나보다 크다. 他个子比我高。

02 He is a year older than me

그는 나보다 한 살 많다. 他比我大一岁。
이것은 저것보다 10위엔(돈) 싸다. 这个比那个便宜十块。
그는 키가 나보다 조금 크다. 他比我高一点儿。

03 I'm ok with this weather now

이 곳의 날씨는, 나는 이미 습관이 됐다. 这里的天气，我已经习惯了。
이 곳의 환경은, 나는 이미 습관이 됐다. 这里的环境，我已经习惯了。

한자 쓰기

배운 한자 중에서 HSK 필수한자를 연습해 보자.

年	年		
해, 년을 세는 단위			

外	外		
바깥			

天	气	天	气
날씨			

热	热		
덥다			

夏	天	夏	天
여름			

更	更		
더, 더욱			

极	了	极	了
심히, 극히			

个	子	个	子
키			

高	高		
높다, (키가) 크다			

环	境	环	境
환경			

习	惯	习	惯
습관이 들다			

便	宜	便	宜
싸다			

12.2 단어

01. **生病** shēngbìng 탈이 나다, 병나다

02. **身体** shēntǐ 몸, 신체

03. **舒服** shūfu 편안하다

04. **冷** Lěng 춥다

05. **所以** suǒyǐ 인과를 나타내는 접속사(그래서)

06. **感冒** gǎnmào 감기 걸리다

07. **发烧** fāshāo 열이 나다

08. **叫** jiào 부르다, 시키다 (ràng)

09. **药** yào 약

과와 관련된 사진을 붙이거나 그림을 그려보세요.

회화

A 他生病了吗？为什么身体不舒服？

Tā shēngbìng le ma? Wèishénme shēntǐ bù shūfu?

Is he sick? Why is he sick?

B 因为天气太冷，所以感冒了。

Yīnwèi tiānqì tài lěng, suǒyǐ gǎnmào le.

Because the weather was so cold, he caught a cold.

还发烧。

Hái fāshāo.

and, he has a fever.

A 叫他回家休息吧。他吃药了吗？

Jiào tā huíjiā xiūxi ba. tā chī yào le ma?

Let him go home and rest. Did he take any medicine?

표현설명(문법)

01 生病了吗?

조사 '**了**'는 문장 끝에 쓰였을 때 여러 가지 기능을 나타내는데, 여기서는 '변화'를 나타내는 기능을 한다. 부정을 할 때는 앞에 '**没(有)**'를 붙여서 '**没生病**'이라고 말한다.

02 所以感冒了

'**所以**'는 결과관계를 나타내는 접속사이다. 자주 '**因为**'와 호응한다.

03 叫他回家休息吧

여기서 '**叫**'는 '시키다'의 의미로서 'A로 하여금 ~하게 시키다'는 의미로 쓰였다. '**他**'는 '**叫**'의 목적어인 동시에 '**回家休息**'의 주어가 되므로 두 가지 역할을 겸하고 있다고 해서 겸어라고 부르기도 한다. 여기서 '**叫**'는 '**让**'과 비슷한 역할을 한다.

문형연습

菜 cài 음식	饱 bǎo 배부르다
过 guo ~한 적이 있다(경험)	满意 mǎnyì 만족스럽다
茶 chá (마시는) 차	坏 huài 나쁘다, 탈나다
那儿(那里) nàr(nàli) 저곳, 그곳	奇怪 qíguài 이상하다

01 Have you ever tried Chinese food?

먹어 본 적 있습니다.	吃过。
먹어 본 적 없습니다.	没吃过。
중국요리, 먹어본 적 있습니까?	中国菜，吃过吗?
중국차, 마셔 본 적 있습니까?	中国茶，喝过吗?
저 곳, 가 본 적이 있습니까?	那里，去过吗?

02 I am full, because I had too much

먹어서 배가 부르다.	吃饱了。
먹어서 탈이 나다.	吃坏了。
먹어서 배부르니 만족한다.	吃饱了，很满意。
먹어서 탈이 났는데, 이상하다.	吃坏了，很奇怪。

한자 쓰기

배운 한자 중에서 HSK 필수한자를 연습해 보자.

春	夏	秋	冬	春	夏	秋	冬
춘하추동							

季	节	季	节
계절			

生	病	生	病
탈이 나다			

舒	服	舒	服
편안하다			

冷	冷		
춥다			

所	以	所	以
그래서(인과)			

感	冒	感	冒
감기 걸리다			

药	药		
약			

发	烧	发	烧
열이 나다			

过	过		
경험을 나타내는 조사(~한 적이 있다)			

茶	茶		
(마시는) 차			

饱	饱		
배부르다			

坏	坏		
나쁘다, 탈이 나다			

满	意	满	意
만족하다			

奇	怪	奇	怪
이상하다			

12.3 단어

01. **外面** wàimian 바깥면

02. **还** hái 여전히

03. **刮风** guā//fēng 바람이 불다

04. **刮** guā 불다

05. **同学** tóngxué 학우

06. **办** bàn 처리하다

07. **可能** kěnéng 가능하다, 아마도 ~일 것이다

08. **些** xiē 약간(불확실한 수량을 나타내는 양사)

과와 관련된 사진을 붙이거나 그림을 그려보세요.

회화

A　外面还刮风吗?

Wàimian hái guā fēng ma?

Is it still windy outside?

B　是的，刮得很大。

Shì de. Guā de hěn dà.

Yes, the wind is strong.

A　我要和同学去踢足球，怎么办?

Wǒ yào hé tóngxué qù tī zúqiú, zěnme bàn?

I want to go play soccer with my classmate. Can i?

B　明天吧。明天可能好一些。

Míngtiān ba. Míngtiān kěnéng hǎo yì xiē.

Do it tomorrow. Tomorrow will probably be better.

표현설명(문법)

01 刮得很大

이 문장에서 '**很大**'는 서술어 '**刮**'정도가 매우 크다는 것을 나타내는 정도보어이다. 정도보어란 서술어 뒤에서 동작에 대한 평가, 판단, 정도를 보충 설명하는 성분이다. 이때 서술어와 정도보어를 연결시켜 구조를 완성해 주는 '**得**'가 중간에 온다. '**得**'는 조사로서 한국어로 번역할 때에는 대응성분이 없으므로 주의한다.

02 我要和同学去踢足球

이 문장에서 '**要**'는 조동사로서 문장에서는 서술어를 꾸며주기 때문에 부사어가 된다. '**和同学**'는 전치사구조로서 서술어를 꾸며주기 때문에 역시 부사어가 된다. 부사어가 여러 개 올 때는 일반적으로 조동사는 전치사구 앞에 위치하게 된다. '부사어(조동사)+부사어(전치사구)+서술어(동사)'

03 明天可能好一些

원래 '**些**'는 명사 앞에 쓰여 불확실한 수량을 나타내는 양사이다. 흔히 '**一**'와 결합하며 자주 생략되기도 한다.

[예] 一些牛奶

그리고 이 문장에서 '**一些**'는 서술에 뒤에서 수량을 보충 설명해 주는 수량보어로 쓰였다.

문형연습

上午 shàngwǔ 오전	但是 dànshì 그러나(역접의 접속사)
下午 xiàwǔ 오후	大家 dàjiā 여러분, 사람들
	这么 zhème 이렇게(이런 정도)
	相信 xiāngxìn 믿다

01 It's windy in the morning

오전에는 바람이 분다.	上午，刮风。
오후에는 매우 덥다.	下午，很热。

02 It's good, but it's too expensive

이것은 좋다.	这个好。
너무 비싸다.	太贵了。
이것은 좋지만, 너무 비싸다.	这个好，但是太贵了。

03 Everyone says this way, but He doesn't believe it

모두들 다 이렇게 말한다. 그는 믿지 않는다.	大家都这么说，他不相信。
모두들 다 이렇게 말하지만, 그는 믿지 않는다.	大家都这么说，但是他不相信。

한자 쓰기

배운 한자 중에서 HSK 필수한자를 연습해 보자.

晴	晴		
맑다			

阴	阴		
흐리다			

早	上	早	上
아침			

中	午	中	午
정오			

晚	上	晚	上
저녁			

刮	风	刮	风
바람이 불다			

同	学	同	学
학우			

可	能	可	能
아마 ~일 것이다			

些	些		
약간			

上	午	上	午
오전			

下	午	下	午
오후			

但	是	但	是
역접을 나타내는 접속사(그러나)			

大	家	大	家
모두, 여러분			

相	信	相	信
믿다			

의사소통을 위한 지식

Q. 중국에서는 어떤 차를 마셔볼까요?

중국은 차의 본고장이라고 할 수 있기 때문에, 찻집에 들러보자. 차는 색깔에 따라 녹차, 청차, 홍차, 흑차 등으로 나뉘고 발효도와 대표브랜드는 다음과 같다.

- 녹차 비발효 용정차 **龙井茶**(lóngjǐngchá)
- 청차(오룡차) 발효50% 철관음 **铁观音**(tiěguānyīn)
- 홍차 발효80% 기문홍차 **祁门红茶**(qímén hóngchá)
- 흑차 발효100% 보이차 **普洱茶**(pǔěrchá)

✓ **실천과 활용**

주변에서 중국 차를 파는 '공차 gongcha(贡茶)'를 검색한 후, 찾아가서 중국식 차를 마셔 본다.

복습하기

Quiz

01. 친구와 한 조를 이룬다.
02. 한 명은 다음 단어를 한국어로 불러주고, 다른 한 명은 중국어로 대답한다.
03. 역할을 바꾸어 진행하고 피드백을 해준다.

12.1

- 바깥
- 날씨
- 덥다
- 여름
- 더, 더욱
- 심히, 극히
- 키
- 높다, (키가) 크다
- 환경
- 습관이 들다
- 해, 년을 세는 단위

12.2

- 계절
- 춘하추동
- 탈이 나다
- 편안하다
- 춥다
- 그래서(인과)
- 감기 걸리다
- 열이 나다
- (마시는) 차
- 배부르다
- 만족하다
- 이상하다
- 경험을 나타내는 조사(~한 적이 있다)
- 나쁘다, 탈이 나다

12.3

- 맑다
- 흐리다
- 아침
- 정오
- 저녁
- 바람이 불다
- 학우
- 아마 ~일 것이다
- 약간
- 오전
- 오후
- 모두, 여러분
- 역접을 나타내는 접속사(그러나)
- 믿다

CLASS 13

누군가 당신을 찾아왔어요

학습목표

✓ 방향보어의 개념을 이해한다.
✓ 동량보어의 개념을 이해한다.
✓ 가능보어의 개념을 파악한다.

구성단위

본문내용과 관련된 구성단위를 배워보자.

13.1

- 眼睛 yǎnjing 눈
- 鼻子 bízi 코
- 嘴 zuǐ 입

13.2

- 冰 bīng 차다, 얼음
- 新 xīn 새롭다

13.3

- 本 běn 책 등을 세는 단위
  - ➡ 一本 yì běn 书 shū
- 张 zhāng 종이 등을 세는 단위
  - ➡ 两张 liǎng zhāng 票 piào

13.1 단어

01. **找** zhǎo 찾다, 찾아오다

02. **久** jiǔ 오래되다

03. **进** jìn 들어오다

04. **什么时候** shénme shíhou 언제

05. **昨天** zuótiān 어제

06. **送** sòng 선물하다

과와 관련된 사진을 붙이거나 그림을 그려보세요.

회화

A 有人找你!

Yǒu rén zhǎo nǐ.

Someone came to see you.

B 哦! 王一，好久不见!

ó! Wáng Yī, hǎo jiǔ bú jiàn!

Oh, Wang Il, long time no see.

快进来。你是什么时候回来的?

Kuài jìn lái. Nǐ shì shénme shíhou huí lái de?

Come in. When did you come back?

C 我是昨天回来的。这个送给你。

Wǒ shì zuótiān huí lái de. Zhè ge sònggěi nǐ.

I came back yesterday. This is a gift for you.

표현설명(문법)

01 有人找你

여기서 '**人**'은 '**有**'의 목적어이면서 "**找你**"의 주어가 되는 겸어 역할을 하므로 겸어문이다. '사람이 있는데, 그 사람이 당신을 찾는다'는 의미로서 '어떤 사람이 당신을 찾는다'라고 번역된다.

02 快进来

여기서 '**来**'는 동사 뒤에 쓰여 동작이 화자로부터 가까워지는 것을 보충 설명해 주는 방향보어이다. 참고로 서술어 뒤에 방향보어 '**去**'가 쓰이면 동작이 화자로부터 멀어지는 것을 나타낸다. [예] 他进去(그가 들어간다)

03 是谁告诉你的

이미 발생한 일에 대하여, 시간, 장소, 방식 등을 구체적으로 물을 때 쓰이는 문형이 '**是...的**'이다.

- **你是从哪儿来的**? Nǐ shì cóng nǎr lái de?
- **你是怎么来的**? Nǐ shì zěnme lái de?
- **你是什么时候来的**? Nǐ shì shénme shíhou lái de?
- **这是在哪儿买的**? Zhè shì zài nǎr mǎi de?

04 这个送给你

여기서 '**给**'는 동사 뒤에 쓰여서 동작의 결과가 어떤 대상에 미치었는지 알려주는 역할을 한다. 잘 쓰이는 경우에는 '**还给你**(huángěi nǐ, 당신에게 돌려주다), **借给你**(jiègěi nǐ, 당신에게 빌려주다), **发给你**(fāgěi nǐ, 당신에게 전송해 주다)' 등이 있다.

문형연습

请 Qǐng 요청하다, 시키다	如果 rúguǒ (가정 접속사) 만약 ~라면 对 duì (동작 대상) ~에 대해서 感 gǎn 느끼다, 생기다 兴趣 xìngqù 흥미 教 jiāo 가르치다

01 I'll buy you a meal

내가 밥을 살게요. 我请你吃饭。

내가 커피를 살게요. 我请你喝咖啡。

내가 영화 보여줄게요. 我请你看电影。

02 If you like this, I'll teach you right away

당신은 이것에 대해 흥미를 느낀다. 你对这个感兴趣。

내가 바로 가르쳐준다. 我就教你。

만약 당신이 이것에 대해 흥미를 느낀다면, 내가 바로 가르쳐주겠다. 如果你对这个感兴趣，我就教你。

한자 쓰기

배운 한자 중에서 HSK 필수한자를 연습해 보자.

眼	睛	眼	睛
눈			

鼻	子	鼻	子
코			

嘴	嘴		
입			

找	找		
찾다			

久	久		
오래			

进	进		
들어오다			

昨	天	昨	天
어제			

送	送		
선물하다			

如	果	如	果
(가정 접속사) 만약 ~라면			

教	教		
가르치다			

感	兴	趣	感	兴	趣			
흥미를 느끼다								

13.2 단어

01. **第一次** dì yí cì 첫 번째, 처음

02. **去年** qùnián 작년

03. **过** guo 경험을 나타내는 조사(~한 적이 있다)

04. **多久** duōjiǔ 얼마나 오래

05. **星期** xīngqī 주, 주간

06. **哇** wā 감탄사

07. **多长时间** duōcháng shíjiān 얼마 동안

과와 관련된 사진을 붙이거나 그림을 그려보세요.

회화

A　你第一次来中国吗?

Nǐ dì yí cì lái Zhōngguó ma?

Is this your first time in China?

B　不, 去年来过一次。

Bù, qùnián lái guo yí cì.

No, I came here once last year.

A　来中国多久了?

Lái Zhōngguó duōjiǔ le?

How long have you been in China?

B　三个星期。

Sān ge xīngqī.

It has been 3 weeks.

A　哇! 你说得很好。你学了多长时间?

Wā! Nǐ shuō de hěn hǎo. Nǐ xué le duōcháng shíjiān ?

Wow, You speak Chinese really well.

How long have you been learning?

표현설명(문법)

01 去年来过一次

'**一次**'는 동작 뒤에 쓰여서 동작의 횟수를 나타내는 동량(횟수)보어이다. 한국어 어순과 매우 다르므로 주의하자. '**过**'는 서술어 뒤에 와서 경험을 나타낸다.

02 来中国多久了

서술어 뒤에서 동작이 하는데 걸린 시간을 나타내는 성분을 시량보어라고 하는데, 여기서는 '**多久**'가 해당된다. 시량보어 용법 중에서도 이와 같이 경과된 시간이 얼마나 되었는지 물어보는 경우는 '경과된 시량'으로 분류한다. 흔히 '~한 지가 얼마나 되었다'라고 번역된다.

03 你说得很好。

여기서 '**很好**'는 말하는 정도가 어떠한지 평가, 판단하는 성분으로 정도보어로 쓰였다.

04 你学习了多长时间?

동사 뒤에 쓰인 '**了**'는 동작의 완료를 나타낸다. 중국어에서 완료는 시간(과거, 현재, 미래)과 관계없이 모두 쓸 수 있다.

문형연습

可以 kěyǐ ~해도 좋다, ~할 수 있다	遇到 yùdào 마주치다
进去 jìnqu 들어가다	解决 jiějué 해결하다
抽烟 chōuyān 담배를 피우다	担心 dānxīn 걱정되다
	为 wèi ~를 위해서
	自己 zìjǐ 자기, 스스로
	加油 jiā//yóu 힘을 내다

01 Can I have a look?

내가 좀 봐도 됩니까? **我可以看看吗?**

내가 들어가도 됩니까? **我可以进去吗?**

이곳은요, 담배를 피워도 됩니까? **这里，可以抽烟吗?**

02 It is my first time staying in China

나는 처음 중국에 오다. **我第一次来中国。**

문제에 부딪히면 어떻게 해결할 것인지 **遇到问题，怎么解决**

나는 매우 걱정된다. **我很担心。**

나는 자신을 위해서 힘을 낸다. **我为自己加油。**

한자 쓰기

배운 한자 중에서 HSK 필수한자를 연습해 보자.

新	新		
새롭다			

第	一	第	一
제일			

去	年	去	年
작년			

哇	哇		
감탄사			

可	以	可	以
~해도 좋다, ~할 수 있다			

抽	烟	抽	烟
담배를 피우다			

遇	到	遇	到
마주치다			

解	决	解	决
해결하다			

为	为		
~를 위해서			

自	己	自	己
자신			

13.3 단어

01. **慢一点儿** màn yìdiǎnr 좀 느리게요.

02. **那** nà 그럼, 그러면

03. **字** zì 글자

04. **读** dú (소리내어) 읽다 , 공부하다

05. **用** yòng 사용하다, 쓰다

06. **软件** ruǎnjiàn 소프트웨어, 앱

07. **帮** bāng 돕다

08. **查** chá 검색하다

과와 관련된 사진을 붙이거나 그림을 그려보세요.

회화

A 你说得太快，我听不懂。请说慢一点儿。

Nǐ shuō de tài kuài, wǒ tīng bu dǒng. Qǐng shuō màn (yì)diǎnr.

You speak too fast. I don't understand. Please speak slower.

B 好的。那，这个字你看得懂吗?

Hǎo de. Nà, zhè ge zì, nǐ kàn de dǒng ma?

okay, Then, do you understand this letter?

A 看不懂。怎么念?

Kàn bu dǒng. zěnme dú?

I can't understand. How should I read it?

(핸드폰을 내밀며)

用什么软件呢? 帮我查一下。

yòng shénme ruǎnjiàn ne? bāng wǒ chá yíxià.

What apps should I use? Please find it for me.

표현설명(문법)

01 我听不懂

'**听懂**'이라고 하면 '들어서 이해하다'의 의미로서, '**懂**'은 결과보어로 쓰였다. 그런데, 그 사이에 '**得**'나 '**不**'를 집어 넣어 가능한지 가능하지 않는지를 나타낼 수 있다. 이렇게 될 경우 '**懂**'은 가능보어가 된다. 즉 '**听得懂**'은 '들어서 이해할 수 있다'이고, '**听不懂**'은 '들어서 이해할 수 없다'는 의미가 된다.

02 帮我查一下

'**一下**'는 동사 '**查**' 뒤에 쓰여 짧은 시간에 동작이 실행되는 것을 나타내며 동량보어이다. 또 이 문장에서는 '**帮**'이라는 동사가 앞에 또 왔으므로 연동문이라고 할 수 있다.

[다른 예] **请帮我热一下这杯咖啡**(이 커피를 좀 데워주세요)

문형연습

跟 gēn (동작대상) ~와, ~과	**笔记本** bǐjìběn 노트북
一样 Yíyàng 같다	**作业** zuòyè 숙제
差不多 Chà bu duō 차이가 나지 않는다, 비슷하다	**告诉** gàosu ~에게 알려주다
	电子邮件 diànzǐ yóujiàn 이메일
	发 fā 보내다, 전송하다

01 This and that are the same

이것은 저것과 같다. **这个跟那个一样。**

당신은 그와 같다. **你跟他一样。**

너는 그와 비슷하다. **你跟他差不多。**

02 to do homework using a laptop

노트북을 이용해 숙제를 하다. **用笔记本做作业。**

나에게 당신의 이메일 주소를 알려주세요. **告诉我，你的电子邮件。**

숙제는, 당신에게 전송할께요. **作业发给你。**

한자 쓰기

배운 한자 중에서 HSK 필수한자를 연습해 보자.

本	本		
책 등을 세는 단위			

张	张		
종이 등을 세는 단위			

读	读		
읽다			

用	用		
쓰다, 사용하다			

告	诉	告	诉
~에게 알려주다			

软	件	软	件
소프트웨어, 앱			

跟	跟		
(대상전치사) ~와, ~과			

一	样	一	样
같다			

作	业	作	业
숙제			

发	发		
전송하다			

电	子	邮	件	电	子	邮	件
이메일							

笔	记	本	笔	记	本			
노트북								

差	不	多	差	不	多			
비슷하다								

의사소통을 위한 지식

Q. 중국인과 의사소통시 주의해야 할 점?

우선 중국어는 크게 발음해야 상대방이 알아듣기 좋다. 작게 얘기하면 습관적으로 '**啊?! 什么?** (어, 뭐라구?)'하면서 크게 되묻는 중장년층이 많은데, 이런 태도에 위축될 필요는 없다. 그들의 습관이니까, 같은 큰소리로 응대하면 된다. 특히 북쪽 지역에 가면 중장년층들은 큰소리로 강하게 말하는 것이 습관화 되어 있다고 보면 된다. 그러므로 처음 여행을 간다면 가급적 좀 더 순한 느낌이 있는 남쪽 지역([예] 상해)를 권한다.

다음으로 우리는 외모적으로 중국인과 크게 다르지 않고, 한국인들이 중국어를 구사하는 것은 전반적으로 다른 나라에 비해 발음도 좋기 때문에 국적을 모르고 대화가 진행될 때 의사소통이 잘 되지 않으면 중국인들은 외국인이라고 생각하지 않고, 소수민족 중의 하나 라고 생각할 수도 있다. 그러므로 본인이 외국에서 왔다는 것을 알려줄 필요도 있다. 이때 주의할 것은 외국인이므로 뭔가 배려를 해달라고 하는 느낌을 주면 안 된다.

어떤 말 단어가 생각이 안 날 때에는 조금 기다려달라고 말하고 핸드폰 앱 등을 통해서 의사소통을 하려고 노력하면 중국인들도 대부분 이해하고 잘 받아주는 경향이 있다.

✓ **실천과 활용**

중국인들이 잘 다니는 곳에 가서 중국인들과 간단한 의사소통을 시도해 보자. 처음부터 잘하려고 하지 말고 한국어, 영어, 약간의 중국어 든 혹은 핸드폰을 이용하든 의사소통에 주안점을 두고 말해 본다.

복습하기

Quiz

01. 친구와 한 조를 이룬다.
02. 한 명은 다음 단어를 한국어로 불러주고, 다른 한 명은 중국어로 대답한다.
03. 역할을 바꾸어 진행하고 피드백을 해준다.

13.1

- 눈
- 코
- 입
- 찾다
- 오래
- 들어오다
- 어제
- 선물하다
- 흥미를 느끼다
- 가르치다
- (가정 접속사) 만약 ~라면

13.2

- 새롭다
- 제일
- 작년
- 감탄사
- 담배를 피우다
- 마주치다
- 해결하다
- ~를 위해서
- 자신
- ~해도 좋다, ~할 수 있다

13.3

- 읽다
- 쓰다, 사용하다
- 소프트웨어, 앱
- 같다
- 비슷하다
- 노트북
- 숙제
- ~에게 알려주다
- 이메일
- 전송하다
- (대상전치사) ~와, ~과
- 책 등을 세는 단위
- 종이 등을 세는 단위

CLASS 14

당신은 누구에게 배웠나요

학습목표

✓ 지속의 개념을 이해한다.

✓ 경과된 시량의 개념을 이해한다.

구성단위

본문 내용과 관련된 구성단위를 배워보자.

14.1

- **爷爷** yéye 할아버지
- **奶奶** nǎinai 할머니
- **叔叔** shūshu 아저씨, 삼촌
- **阿姨** āyí 아줌마, 이모

14.2

- **先生** xiānsheng 선생님, Mr
- **小姐** xiǎojie 아가씨
- **会议** huìyì 회의

14.3 정리

14.1 단어

01. **双** shuāng 쌍을 세는 양사

02. **皮鞋** píxié 가죽신발

03. **穿** chuān 입다, 신다

04. **着** zhe 동작, 상태의 지속

05. **其他** qítā 기타

06. **有点儿** yǒu diǎn(r) 조금, 약간

07. **高** gāo 높다

08. **洗手间** xǐshǒujiān 화장실

과와 관련된 사진을 붙이거나 그림을 그려보세요.

회화

A 这双皮鞋怎么样？穿着舒服吗？

Zhè shuāng píxié zěnmeyàng? chuān zhe shūfu ma?

How about this pair of shoes? Is it comfortable?

B 其他都可以，但是有点儿高。

Qítā dōu kěyǐ. Dànshì, yǒu diǎn(r) gāo.

It's good. but, The heel is a little high.

有没有别的，帮我查一下。

Yǒu méi yǒu bié de, bāng wǒ chá yí xià.

Show me another one.

请问，洗手间在哪儿?

Qǐngwèn, xǐshǒujiān zài nǎr?

Excuse me. Where is the restroom?

표현설명(문법)

01 穿着舒服吗?

'**着**'는 서술어 뒤에 와서 동작이나 행위가 지속되고 있음을 나타내는 조사이다. 예를 들면, **他坐着看电视**(그는 앉아서 TV를 본다). 이렇게 '**着**'가 문장 속에서 지속을 나타내는 문형을 '지속태'라고 한다.

02 但是有点儿高。

'**有点儿**'은 부사로 쓰여 수량이 작음을 나타낸다. 서술어 뒤에 오는 '**一点儿**'(예 高一点儿)은 객관적인 수량을 말하며, 서술어 앞으로 올 때는 '**有+一点儿**' 형태로 변화되면서 여의치 않거나 부정적인 느낌을 준다.

문형연습

东西 dōngxi 물건	照顾 zhàogù 돌보다, 보살피다
能 néng ~할 수 있다, ~해도 된다 (능력, 조건의 허락)	圣诞节 Shèngdàn jié 성탄절
搬走 bān zǒu 옮겨서 가다	结束 jiéshù 끝나다
椅子 yǐzi 의자	
拿走 ná zǒu 가지고(들고) 가다	

01 Can you move this stuff?

이 물건, 당신은 옮겨서 갈 수 있습니까? 这个东西，你能搬走吗?

이 의자, 내가 들고 가도 되겠습니까? 这个椅子，我能拿走吗?

02 He can teach Chinese

그는 중국어를 가르칠 수 있다. 他能教汉语。

당신은 그를 돌볼 수 있습니까? 你能照顾他吗?

03 At Christmas, can you come?

성탄절에 말이죠, 圣诞节,

당신은 올 조건이 됩니까? 你能来吗?

(조건, 또는 도리상의 허용)

일이 아직 끝나지 않았으니, 工作还没结束,

당신은 가면 안 된다. 你不能走。

(약한 금지, 허락하지 않음)

한자 쓰기

배운 한자 중에서 HSK 필수한자를 연습해 보자.

爷爷 爷爷	할아버지
奶奶 奶奶	할머니
叔叔 叔叔	아저씨
阿姨 阿姨	아줌마
双 双	쌍을 세는 양사
皮鞋 皮鞋	구두
着 着	동작, 상태의 지속
其他 其他	기타
东西 东西	물건
能 能	할 수 있다, ~해도 된다(능력, 조건의 허락)
搬 搬	옮기다
椅子 椅子	의자
拿 拿	가져오다(가다)
照顾 照顾	돌보다, 보살피다
洗手间 洗手间	화장실

14.2 단어

01. **努力** nǔlì 노력하다

02. **练习** liànxí 연습하다

03. **跟** gēn 동작대상을 나타내는 전치사 (~한테서)

04. **补习班** bǔxíbān 학원, 보습학원

05. **老师** lǎoshī 선생님

과와 관련된 사진을 붙이거나 그림을 그려보세요.

회화

A 没想到你跳得这么好!

Méi xiǎngdào nǐ tiào de zhème hǎo.

It's surprising. You dance so well.

B 谢谢。我努力练习，已经有一年了。

xiè xie. wǒ nǔlì liànxí, yǐjīng yǒu yì nián le.

Thanks, I have practiced very hard for a year.

A 你是跟谁学的?

Nǐ shì gēn shéi xué de?

Where did you learn?

B 补习班老师。

bǔxíbān lǎoshī.

I learned it from my academy teacher.

표현설명(문법)

01 跳得这么好

이 문장에서 '**跳**'는 서술어이며 '**这么好**'는 춤 실력에 대한 평가, 정도, 판단 등을 보충설명하는 정도보어이다. 서술어와 정도보어를 '**得**'라는 조사가 연결해 주고 있다.

02 已经有一年了

여기서 서술어 '**有**' 다음에 시간의 양을 나타내는 시량보어 '**一年**'이 앞 성분을 보충 설명하고 있다. 시량보어 중에서도 경과된 시량을 나타내어 '~연습이 있은 지 이미 1년이 되다'는 의미로 쓰였다.

03 你是跟谁学的?

여기서 전치사 '**跟**'은 동작의 대상을 나타낸다. 그리고 동작 대상을 향해 동작이 진행됨을 나타내는 용법도 있다. 이럴 때는 '~에게서, ~한테서 ~한다'식으로 번역된다.

문형연습

虽然 suīrán 전환관계를 나타내는 전치사	机会 jīhuì 기회
房间 fángjiān 방	参加 cānjiā 참가하다
漂亮 piàoliang 예쁘다	比赛 bǐsài 시합
	获得 huòdé 획득하다, 거두다
	成绩 chéngjì 성적

01 Although the room is very pretty, but it is too expensive

그 방은 매우 예쁘다. 那个房间很漂亮。

너무 비싸다. 太贵了。

비록 그 방은 매우 예쁘지만, 虽然那个房间很漂亮,

그러나 매우 비싸다. 但是太贵了。

02 If I have a chance, I want to take a test and get a good grade

기회가 있다. 有机会。

시합에 참가하고 싶다. 想参加比赛。

좋은 성적을 거두다. 获得好成绩。

한자 쓰기

배운 한자 중에서 HSK 필수한자를 연습해 보자.

先生 先生	선생님, Mr
会议 会议	회의
努力 努力	노력하다
练习 练习	연습하다
跟 跟	동작대상을 나타내는 전치사 (~한테서)
班 班	반
老师 老师	교사, 선생님
虽然 虽然	전환관계를 나타내는 접속사
房间 房间	방
漂亮 漂亮	예쁘다
机会 机会	기회
参加 参加	참가하다
比赛 比赛	시합
成绩 成绩	성적

의사소통을 위한 지식

Q. 중국에 가서 흥정하는 방법?

중국에서 물건을 살 때 흥정을 할 때는 다음을 주의한다.

우선 여행하러 왔다는 것을 쉽게 말할 필요가 없다. 왜냐하면 사장의 입장에서 한 번 오고 말 손님을 잘 응대할 리가 없다. 중국에 공부나 일을 하러 왔고, 체류하고 있으며 또 올 수 있다는 느낌을 주어야 깎아주기도 하고 친절하게 대해준다.

Q. 중국에서 친구 사귀는 방법?

중국에서 친구 사귀는 것은 쉽지 않은 일이다. (여러분들이 한국에서 외국인을 만났을 때 어떻게 친구가 되는지 생각해 보자)

중국에서 누군가의 소개가 없이 어떤 중국인을 만났다고 했을 때 이 사람이 하는 말을 다 믿을 수는 없다. 이럴 때는 취미 얘기를 해 보자. 어떤 취미를 아주 오랫동안(예를 들면 10년 이상) 해서 잘하는 사람들은 그만큼 성실하고, 또 그 분야에서 인맥이 많기 때문에 어느 정도 믿을 만하다고 할 수 있다. 만약 그 사람과 취미가 비슷하다면 그 취미를 같이 해 보면 금방 친구가 될 수 있다.

✓ 실천과 활용

한국에서 중국 친구를 사귈 수 있는 방법을 고민하고 실천해 본다. 중국 친구를 사귀어서 한국생활에 도움을 준다면, 나중에 중국에 여행 갔을 때 많은 도움을 받을 수 있다.

복습하기

❝ Quiz

01. 친구와 한 조를 이룬다.
02. 한 명은 다음 단어를 한국어로 불러주고, 다른 한 명은 중국어로 대답한다.
03. 역할을 바꾸어 진행하고 피드백을 해준다.

14.1

- 할아버지
- 할머니
- 아저씨
- 아줌마
- 쌍을 세는 양사
- 구두
- 기타
- 화장실
- 물건
- 옮기다
- 의자
- 가져오다(가다)
- 돌보다, 보살피다
- 동작, 상태의 지속
- 할 수 있다, ~해도 된다(능력, 조건의 허락)

14.2

- 선생님, Mr
- 회의
- 노력하다
- 연습하다
- 반
- 교사, 선생님
- 방
- 예쁘다
- 기회
- 참가하다
- 시합
- 획득하다
- 성적
- 전환관계를 나타내는 접속사
- 동작대상을 나타내는 전치사(~한테서)

APPENDIX

부록

본문 해석

1.2

- 안녕!
  당신 잘 지내요?
- 나는 말이예요. 좋아요.
  고마워요.

1.3

- 안녕!
  당신 잘 지내요?
- 나는 말이예요.
  안 좋아요.
- 아! 또 봐요.

2.1

- 안녕!
  당신은 원합니까?
- 나는 원합니다.
  고마워요.
- 별말씀을요.

2.2

- 안녕!
  당신은 피곤한가요?
- 네, 나는 매우 피곤해요.
- 당신 쉬세요.
- 고마워요.

2.3

- 안녕!
  당신은 바쁩니까?
- 나는 안 바빠요.
- (물건을 보이며) 이것은 당신 것입니까?
- 맞아요, 고마워요!

3.1

- 아이구, 미안합니다.
- 괜찮습니다.

3.2

- 안녕! 당신은 뭐하나요?
- 나는 TV 봐요.
- 아, 다시 만나요.
- 다음에 만나요!

3.3

- 그는 무엇을 먹나요?
- 케이크요!
- 당신은 무엇을 보나요?
- 나는 영화를 봅니다.
- (그) 영화말이에요. 볼만한가요?

4.1

- 이(것)은 무엇인가요?
- 양고기예요.
- 이것은요?
- 닭고기요.

4.2

- (가리키며)이것 말이예요, 당신은 원해요?
- 나는 한 개를 원해요.
- 나도 원해요.
- (c에게)당신은 몇 개를 원해요?

4.3

- (가리키며)이것은 뭐라고 불러요?
- '시앙차이'라고 해요.
- (가리키며)저 과일을 뭐라고 불러요?
- '시꾸와'라고 해요.

5.1

- 당신 성함은요?
- 나는 성이 '왕'이구요. 내 이름은 '왕이'라고 해요.
- 당신 이름은 어떻게 되요?
- 나는 '○○○'라고 해요.

5.2

- 당신을 알게 되어, 매우 기쁩니다.
- 나도 매우 기쁩니다.
- 우리를 마중하러 와줘서 감사드려요.
- 별말씀을요.

5.3

- 말씀 좀 물을게요. 그녀(저 여자분)는 누구예요?
- 내가 소개할게요.
- 이 사람은 나의 아내예요.

6.1

- 말씀 좀 물을게요.
- 당신은 어느 나라 사람이에요?
- 나는 한국인이에요.
- 환영해요, 환영해요.
- 감사해요.

6.2

- 그들은 한국사람인가요?
- 아니요. 그들은 중국사람이에요.
- 당신은 무슨 일을 해요?
- 일하지 않아요, 난 학생이에요.

6.3

- 당신은 무엇을 배우나요?
- 나는 중국어를 배웁니다.
- 중국어는 어떤가요? 재미있나요?
- 재미있어요.

7.1

- 당신 가족은 모두 누구누구가 있습니까?
- 아빠, 엄마, 한 명의 언니, 그리고 나입니다.
- (가리키며) 이 사람이 당신 언니인가요?
- 틀렸어요, 왼쪽이 내 언니입니다.

7.2

- 당신 아버지는 무슨 일을 하십니까?
- 그(분)은 병원에서 일하십니다. 그는 의사입니다.
- 당신 아버지는 당신에게 잘 대해주십니까?
- 그(분)은 나에게 매우 잘 대해주십니다.

7.3

- 당신은 올해 몇 살이에요?
- 나는 21살입니다. 당신은요?
- 나는 당신보다 많아요. 난 23살입니다.
- 당신은 중국에 뭐하러 왔나요?
- 여행이요.

8.1

- 지금 몇 시입니까?
- 좀 기다리세요.
  (시계를 보며) 7시예요. 빨리 출근 준비해요!
- 오늘 토요일이에요.

8.2

- 오늘 몇일입니까?
- 13일이요.
- 당신 생일을 몇 월 몇일입니까?
- 바로 오늘입니다.
- 생일 축하해요.

8.2

- 영화 아직 시작 안했지요? 몇 시나 되었나요?
- 10시가 되었어요.
- 안 맞아요.
  (핸드폰을 보며)지금은 10시 10분이예요.
- 당신 시계가 10분이 느리네요.

9.1

- 이것은 얼마입니까?
- 일 백 위엔입니다.
- 하얀색의 것이 있나요?
- 지금은 없고, 내일 있습니다.

- 내일 제가 당신에게 전화드릴게요. Ok?
- 오늘은 이것, 이것을 사겠어요.
  합해서 얼마인가요?

9.2

- (과일을 가리키며)한 근에 얼마입니까?
- (한 근에) 십오 위엔입니다.
- 너무 비싸군요, 좀 싸게 해주세요.
- 12위엔 어떻습니까?
- 안 비싸요. 이것은 매우 신선해요.

9.3

- (전화를 걸어)여보세요,
  나는 이미 상점에서 나왔어요.
- 왕이는 어디 있는거죠? 당신은 그를 보았나요?
- 그는 다음 상점에 있어요.
- 아, 알겠어요.

10.1

- 안녕하세요!
- (목적지를 보여주며) 나는 여기에 가려고 합니다.
  얼마나 걸릴까요?
- 10분쯤 탑니다.
- 14, 15위엔 정도요.

10.2

- 부근에 맛집이 있나요? 어디에 있나요?
- 앞으로 가세요.
- 여기서 멉니까?
- 매우 가까워요.
  3백미터에서 4백미터예요. 알아들었나요?

10.3

- 이번에 당신은 비행기를 타고 집에 돌아갈겁니까?
- 나는 비행기 타고 싶지 않아요.
- 왜죠?
- 왜냐하면 비행기표가 너무 비싸기 때문이죠.
- 내가 당신으로 하여금 비행기 타게 해줄게요.
- 정말요?

11.1

- 종업원, 이것 한 개 주문할게요. 그리고 이것이요.
- 쌀밥 한 그릇 주문할게요.
- 종업원, 우리 쌀밥이 어째서 아직 안 나오는건가요?
- 잠깐 기다려주세요. 제가 가서 좀 볼께요.

11.2

- 3번 세트메뉴 두 개 주세요.
- 다른 것 더 필요하십니까?
- 필요 없어요.
- 당신은 가지고 가실건가요?
  아니면 여기에서 드시나요?

11.3

- 저녁밥 다 지었어요.
- 잠시 기다려요, 시합이 5분 더 있으면 끝날거에요.
- 좀 빨리요.
- 당신 먼저 먹어요. 난 즉시(거의) 곧 다 보아가요.

12.1

- 바깥쪽 날씨는 어떤가요?
- 매우 더워요.
- 상해의 여름은 어떤가요?
- 상해는 이 곳보다 더 더워요. 너무 너무 더워요.

12.2

- 그는 탈이 났습니까? 왜 몸이 안 좋나요?
- 왜냐하면 날씨가 너무 추워서,
  그래서 감기에 걸렸어요. 열도 나요.
- 그로 하여금 집에 돌아가서 쉬게 해주세요.
  그는 약을 먹었나요?

12.3

- 밖에 여전히 바람이 붑니까?
- 그러네요. 부는 것이 매우 셉니다.
- 나는 학우랑 가서 축구를 찰려고 하는데, 어떡하죠?
- 내일 해요. 내일은 아마도 약간 좋아질 거예요.

13.1

- 어떤 사람이 당신을 찾아왔어요.
- 오, 왕이, 오랜만이에요. 어서 들어와요.
- 당신은 언제 온 것인가요?
- 나는 어제 왔어요.
- 이것 당신에게 선물할게요.

13.2

- 당신은 처음 중국에 옵니까?
- 아니요. 작년에 한 번 온 적이 있어요.
- 중국에 온 지가 얼마나 오래 되었습니까?
- 3주요.
- 와, 말을 잘 하시네요.
  당신은 얼마 동안 배웠나요?

13.3

- 당신 말이 너무 빨라서,
  나는 들어서 이해할 수 없어요.
- 좀 천천히 말씀해 주세요.
- 그래요. 그러면, 이 글자는 보아서 이해됩니까?
- 보고 이해할 수 없어요. 어떻게 읽나요?
  (핸도폰을 내밀며)어떤 앱을 써야 하죠?
  날 도와서 좀 검색해주세요.

14.1

- 이 구두는 어떻습니까? 신기 편합니까?
- 다른 것은 다 좋은데, 조금 높네요.
- 다른 것이 있는지 없는지, 나를 도와 좀 살펴주세요.
- 저기 화장실은 어디 있나요?

14.2

- 당신이 이렇게 잘 출 줄은 생각지도 못했어요.
- 고마워요. 나는 열심히 연습했고,
  이미 1년 즈음 돼 가요.
- 당신은 누구한테서 배운 겁니까?
- 학원 선생님이요.

단어 색인

dōngxi 东西	14-1
dōu 都	7-1
dú 读	13-3
duànliàn 锻炼	7-3
duì 对	2-3
duìbuqǐ 对不起	3-1
duō 多	7-3
duōcháng shíjiān 多长时间	13-2
duōjiǔ 多久	13-2
duōshao 多少	9-1
duō 多	9-3

E

è 饿	2-1
èng 嗯	2-2
èr 二	2-1
ěrduo 耳朵	9-3
érzi 儿子	9-2

F

fā 发	13-3
fàn 饭	9-1
fàndiàn 饭店	6-1
fāngbiàn 方便	6-2
fángjiān 房间	14-2
fànguǎn 饭馆	6-1
fāshāo 发烧	12-2
fāxiàn 发现	10-2
fēicháng 非常	10-1
fēijī 飞机	6-2
fēn 分	8-1
fēnzhōng 分钟	8-3
fùjìn 附近	10-2
fúwùyuán 服务员	10-2
fùxí 复习	10-2

G

gāngcái 刚才	10-2
gānjìng 干净	6-1
gǎnmào 感冒	12-2
gǎn 感	13-1
gāo 高	12-1
gào·su 告诉	13-3
gāoxìng 高兴	5-2
gē 歌	7-3
ge 个	3-1
gēge 哥哥	9-2
gěi 给	4-2
gēn 跟	13-3
gèng 更	12-1
gèzi 个子	12-1
gōnggòngqìchē 公共汽车	6-2
gōngsī 公司	10-2
gōngzuò 工作	6-2
gǒu 狗	7-1
guā 刮	12-3
guā//fēng 刮风	12-3
guì 贵	5-1
guo 过	12-2
guó 国	6-1

H

hái 还	8-3
háishi 还是	10-2
Háiyǒu 还有	10-2
háizi 孩子	9-2
Hánguó 韩国	6-1
Hànyǔ 汉语	2-2
hǎo 好	1-2
hào 号	8-2
hǎochī 好吃	4-1
hǎohē 好喝	4-3
hǎokàn 好看	3-3
hǎotīng 好听	4-1
hē 喝	2-3
hé 和	7-1
hēisè 黑色	6-3
hěn 很	2-2
hóngsè 红色	6-3
hòu·biān 后边	8-3
hòumiàn 后面	10-2
huà huà(r) 画画(儿)	10-2
huài 坏	12-2

저자 약력

▪ 김기범

광주여자대학교 교양과정부 교수
광주여자대학교 항공서비스학과 중국어 담당 교수
한국외국어대학교 대학원 중어중문학과 박사(중국어 문법)
前) 한국외국어대학교, 동덕여자대학교, 육군사관학교, 목포대학교, 안산대학교, LG다문화학교 강사
前) 한국외국어대학교 국제사회교육원 강사(삼성전자, LS산전, 국민은행 등 강의)

▪ 인옥남

광주여자대학교 항공서비스학과 교수
경희대학교 일반대학원 관광학 박사
前) 아시아나항공 아카데미 전임강사(CS교육&컨설팅)
前) 국내.외 항공사 객실승무원 면접위원
前) 경기대학교, 경희대학교 등 외래교수

항공 승무원을 위한 新HSK 준비용 회화입문서

항공 초급 중국어

발행일 | 2022년 12월 30일 발행

발행인 | 모흥숙
발행처 | 도서출판 새로미

저 자 | 김기범 · 인옥남

주 소 | 서울 용산구 한강대로 104 라길 3
전 화 | 02) 523-5903~4
팩 스 | 02) 775-3246

E-mail | seromi@seromi.kr
Homepage | www.seromi.kr

ISBN | 978-89-6476-804-4 93720
정 가 | 20,000원
